倒れない計画術

まずは挫折・失敗・サボりを計画せよ！

メンタリスト
DaiGo

河出書房新社

はじめに

みずから立てた計画がうまく運ばず、計画倒れとなってしまったとき、私たちは大きなダメージを受けます。表向き「よくあること」と平気な顔をしていても、自分で決めたことが果たせなかったことに対して落胆し、自己嫌悪に陥《おちい》ることもめずらしくありません。

というのも、私たちの心には**「計画したことは達成させたい」という性質「一貫性の原理」**があるからです。計画倒れは、自分との約束を破ったことになり、気持ちを落ち込ませます。しかも、その傾向は入念に計画を立てる慎重な人ほど、強くなります。

そうした計画倒れのダメージを回避するために不可欠なものが、**「段取り力」**です。

本書では、事前準備・段取り・スケジューリングという切り口から計画倒れを防ぐ段取り力を鍛《きた》えていきます。結論を先に言ってしまうと、うまく段取りを立てられるようになると、人生が楽になっていきます。

なぜなら、**科学的に正しい段取りの整え方を身につけると、あなたが本当にやるべきことだけに集中できる状態が手に入る**からです。

たとえば、私の部屋には、常に3つのバッグが置いてあります。

1つ目は南の島を旅するときに必須のアイテムが入った小さなドライバッグ。

2つ目はパスポートと着替えなどの日用品を入れたシティユースの小さなバックパック。

3つ目はバックパック専門ブランド「グレゴリー」の空《から》のバックパックです。

以前は海外旅行に行くとなると、必要なもの、持っていったら便利そうなものなどをリストアップしていました。慎重で神経質な傾向のある私は、旅行に向けた事前準備を含め、細かく計画を立てるタイプだったからです。

360分かかっていた旅の準備を1分に短縮

出発の前日までにパッキングを終わらせるため、自分の立てた計画に沿って、部屋のあちこちからリストのアイテムを集め、キャリーケースに詰め込みます。

「あれが足りない。これはいらないか?」と考えていると、パッキングだけで5、6時間かかっていました。告白すると、こうした準備のしんどさを理由に旅行そのものに興味が持てず、「現地に行かなくても本を読めば分かる」とうそぶいていた時期もありました。

それが今は3つのバッグを並べるという「段取り」が整ったことで、どこへ旅に出るにしても事前準備は1分で終わります。

機内持ち込みのできる44リットルサイズのバックパックに、防水性能に優れたドライバッグとシティユースのバックパックをポンと入れたら、おしまいです。旅の持ち物リストを書き出すことも、部屋中からアイテムをかき集めることも、足りないものを買いに出ることもありません。

360分かかっていた旅の準備を1分に短縮する計画が成功したのは、この本のテーマである「段取り」を追求した結果です。

「段取り」という言葉を辞書で調べると、そこには「事を運ぶための順序。事がうまく運ぶように、前もって手順をととのえること」とあります。

私の旅の準備に当てはめるなら、3つのバッグが現時点での最高の段取りです。もちろん、「面倒くさいなぁ……」と思いながらも、毎回、前回と同じように荷造りをし、ゴロゴロとキャリーケースを引っぱっていても旅に出続けることはできたでしょう。

しかし、よくよく振り返ってみると、旅先で使わないまま持ち帰ってきたアイテムがいくつもありました。また、到着した空港でキャリーケースが出てくるのを待つ間ほど、むだな時間もありません。

使いもしないアイテムを持っていく手間、荷物が運び出されるターンテーブルを眺めながら浪費される時間。私は、こうした「むだ」をそのままにして、見過ごすことができません。

なぜなら、**限られた人生の時間を自分にとって有意義に使うことを最優先に考えている**からです。

時間を距離のようなものとしてイメージしてみてください。今、ここで「面倒くさい」という気持ちに押し流されて、小さなむだをそのままに前例どおりの行動をしたことで、歩みたい人生の方向が1センチずれたとしましょう。

時が流れ、100キロ先にたどり着いたとき、あのときの「面倒くさい」が及ぼす影響はどれほど大きなものになるでしょうか？

価値は相応の準備と計画から生み出される

私は**「段取り」や「計画」に関する知識を増やし、正しい事前準備の方法を身につけることが、面倒くさがりの人のためにとって最強の武器になる**と考えています。

ところが、多くの人は段取りと聞くと「手間がかかる」「面倒くさそう」「キッチリしすぎると窮屈そう」など、マイナスのイメージを思い浮かべるようです。

こうした誤解は、事前の準備である段取りの重要性が他人からは評価されにくいことと関係しています。

たとえば、あなたは日々活用しているアプリを操作しながら、開発過程のことに思いを馳せることはあるでしょうか？

あるいは、居心地のいいカフェでの1杯のコーヒーを飲みながら、生産者が費やしている準備について考えることはありますか?

人間の心理は目の前にある完成したモノに価値を見出すよう働きます。アプリやコーヒーがあなたにとって役立つ存在であれば、それがどんな経緯で目の前に現れたかは気にならないのです。

上司もあなたの仕事の成果を評価するのであって、段取りの良し悪しには目を向けません。多くの人は自分が経験した計画倒れのことは棚上げし、第三者の立てた計画は滞《とどこお》りなく実行されると思い込んでいます。ですから、ものごとが達成される過程にはあまり目が向けられないのです。

しかし、**価値ある何かが生み出される過程には、必ず相応の準備があり、日々改善されていく段取りがあります。**

私は旅の事前準備を改善する過程で、バックパックを20個購入しました。機内持ち込み可能なサイズで、1キロを切る軽さで、しかも、荷物が収納しやすいコンパートメントが充実している商品を追求していったのです。

その結果、たどり着いたのがグレゴリーというメーカーの44リットルサイズのバックパックでした。

この話を聞かされた人は、ほぼ全員が「なんで?」「やりすぎでしょう?」という顔をします。もっとも、あなたがカフェのオーナーだとして、店の定番となるコーヒーを決めるのに20杯くらいの試飲はものともしないはずです。

なぜなら、一度決めたら二度と準備しなくてもよくなる、重要な選択だからです。少なくとも私は向こう3年、今以上のバックパックと出会うことはないでしょう。

「やるべきことなのか？」と問い直すところから始める

段取りを劇的に改善するために時間やお金のコストをかけることは、むだでもやりすぎでもありません。

その後、同じ結果を最短の時間と最小の労力で得られるようになるからです。これは細々とした時間の節約法や仕事の効率化を学ぶよりも、はるかに効果的。**当たり前だと思い込んできた「段取り」を見直し、やるべきことを減らすことで、何よりも尊い資産である「時間」を手に入れる**ことができます。

トヨタ自動車の実践する「カイゼン」が英語にもなり、世界中の生産現場に広がっているのも、段取りを整え続けることの効果がいかに大きなものかを示す、１つの証明だと言えるでしょう。

一方で、スケジュール帳に次々と仕事やプライベートの予定を書き込み、隙間を埋めていくことで充実感を得ている人がいます。先々までの段取りが整ったと安心するのでしょう。

それは大きな間違いです。

私も空《あ》いている時間に細かく予定を入れ、スケジュール帳を整えることで満足していた時期がありました。今では心から愚かだったと思います。

本当の「段取り」とは、「それが本当にやるべきことなのか？」と問い直すところから始まります。

「荷造りのためのチェックリストづくりは、必要か？」

「今の生産ラインで行われている工程は、不可欠なものなのか？」

「スケジュール帳を埋めている予定の1つ1つは、自分がやるべきことなのか？」

疑問というフラグを立て、検証する。そのための手間や時間のコストは惜しまない。するとあなたがやらなくてもいいことが見えてきます。

徹底的に検証することで、二度と準備しなくてもいい状態となり、計画倒れをすることもなく、やることが減っていき、人生が楽になっていくのです。

新たな習慣が身につくと、人生が動き出す

どんなにすばらしい効率化のテクニックを身につけたとしても、そもそもあなたがやる必要のないことをどんなにうまくできたとしても、人生は充実していきません。

仕事に慣れ、作業に習熟して何かを完璧にこなせるようになったとしても、得られる給料や充実感に大きな変化がないのなら、やる必要がないと思いませんか？

同じことは、P・F・ドラッカーもウォーレン・バフェットも言っています。

「やめても何も起こらなければ、結論は、直《ただ》ちにやめよ」（ドラッカー）

「やる必要のない仕事は上手にやったところで意味がない」（バフェット）

科学的に正しい段取りを学ぶことで、あなたは人生を正しい方向に導く羅針盤を手にすることができます。

自分がやるべきことはなんなのか？

何が人生の幸せにつながっていくのか？

小さな当たり前に疑問符を立てて、正しさを追求していくことで、行動が変わり、新たな習慣が身につき、人生が動き出します。

段取りがすばらしいのは、完成したと思ってもまたアップデートできるところです。よりよい状態を目指して改善を繰り返す作業は楽しく、より大きな自由を手に入れることができます。

「千里の行《こう》も、足下《そっか》より始まる」
困難なことは、それがまだ易しいうちに始めなさい。
偉大なことは、それがまだ小さなうちにやりなさい。
世界中の困難な問題も、かつては易《やさ》しかったに違いない。
偉大なことも、かつては取るに足らない小さなことだったに違いない。
千里の旅も、第一歩から始まるのだ。

老子

私はこの本を書き終えた瞬間に、「ＤａiＧｏ、1時間後に南の島へ出発だよ」と言われても、余裕を持って家を出ることができます。
本書があなたの人生を変えるきっかけとなることを願っています。

メンタリストＤａiＧｏ

『倒れない計画術　まずは挫折・失敗・サボりを計画せよ！』もくじ

2章

科学的に正しい計画へと導く、たった1つの原則

3章

計画どおりに進めるための7つのテクニック

4章

計画倒れを招く4つの落とし穴と対処法

5章

計画実行にまつわる悩み対策Q&A

6章

必ず目標達成できるパーフェクト・スケジュール

構成　佐口賢作
装丁　大谷昌稔
本文デザイン　茂呂田剛（エムアンドケイ）
カバー撮影　上村明彦
ヘアメイク　永瀬多壱（Vanités）
スタイリング　松野宗和
編集　岩崎英彦
リサーチ　Yu Suzuki（パレオな男　https://yuchrszk.blogspot.com）

1章

計画にまつわる3つの誤解

科学的に正しい事前準備・段取りとは？

あなたは、計画を立てるのが得意な段取り上手な人でしょうか？

本書を書き始めるに当たって、私は「日ごろ、段取りをうまく組むことができずに悩んでいること」を何人かに聞いてみました。すると、仕事、プライベートにさまざまな悩みが寄せられました。

「仕事が終わるのは、いつも期限や期日のギリギリになってしまう」

「毎年、1月や4月には『今年こそ！』と思うのに、結局、スキルアップのための勉強や趣味に使える時間を確保できないまま、秋を迎えている」

「毎日が忙しすぎて、気づいたら家事や子供の学校の準備で手のついていない作業が残っていてあわてることが多い」
「1つ1つの仕事を『ここで完成！』と手放すタイミングが分からない」
「上司から『効率化、効率化』と迫られて、逆にどうでもよくなってきている」
「休みの日に予定を詰め込みすぎてしまい、逆に疲れてしまう」

この本を手に取られているあなたはきっと、いずれかの悩みに対して「あるある」と共感してくれたはずです。

そして、「どうしていつもギリギリになってしまうんだろう？」「立てたはずの目標が達成できないのは、なぜだろう？」「気づくと計画倒れになってしまうのはどうしてだろう？」と人生のある場面を振り返り、段取り下手な自分に落ち込んでいるかもしれません。

安心してください。

本書では、科学的に正しい段取りの方法、計画の立て方を紹介していきます。

段取り上手かどうかは、背が高い／低い、足がものすごく速い／極端に遅いといった遺伝子レベルで決定されている能力とは異なります。**やり方を学び、実践することで誰もが段取り上手になることができる**のです。

その証拠に、あなたは歯を磨くとき、歯ブラシを手で持って、歯磨き粉をつけて、右上の奥歯から……と段取りを考えているでしょうか？　あるいは、朝の歯磨きに集中しすぎて学校や会社に遅刻したことがありますか？

日常生活の中で習慣化されたことについては、誰もが無意識のうちに行動することができ、適度な時間で切り上げることができます。

自分にとって最も効率的な方法を探り、順序立てて準備し、実行する力。すなわち、**段取る力は、誰もが備えている能力**なのです。

もちろん、「歯磨きと仕事の段取りは違う」「チームで動き、納期があり、突然のトラブルも起こる複雑な条件では、自分の立てた計画どおりにはものごとは運ばない」という声もあるでしょう。

疑いたくなる気持ちはよく分かります。私たちは、無意識でもできる単純な作業と、複数の条件を意識しながら取り組む作業では質が違うから比較できないと考えがちです。

そこに、大きな誤解があります。

段取りがうまい人は、複雑な作業を分解し、1つ1つを処理しやすい状態にして取り組んでいるから、迷わず、悩まず、やすやすとものごとを処理しているように見えるだけなのです。

事前準備・段取りに関する3つの誤解

この1章では、「自分は段取り下手だ」と悩む人と悩まない人の隔たりの原因となっている、段取りに関する3つの誤解について説明します。

段取りの誤解1　モノサシがないまま動き出す
段取りの誤解2　あれもこれもできると思い込む
段取りの誤解3　挫折《ざせつ》を計画していない

まずはあなたがこの3つの誤解を放置したままにしていないかどうかをチェックしてください。

自分は段取り下手だと思い込んでいる人は、段取りが下手なのではなく、取り組む作業を分解する視点が足りなかっただけだと気づけるはずです。

次章以降、科学的に正しい段取りの方法をお伝えしていきます。しかし、スタート地点でゴールとは違う方向に走り出したら、いくら足が速くても道に迷ってしまいます。まさに段取りどおりにいかなくなるわけです。

この3つの誤解を知ることは段取り上手になる知識を身につけるための事前準備だと考えてください。

段取りがうまくいかない人は3つの誤解をしている

❶ モノサシがないまま動き出す

❷ あれもこれもできると思い込む

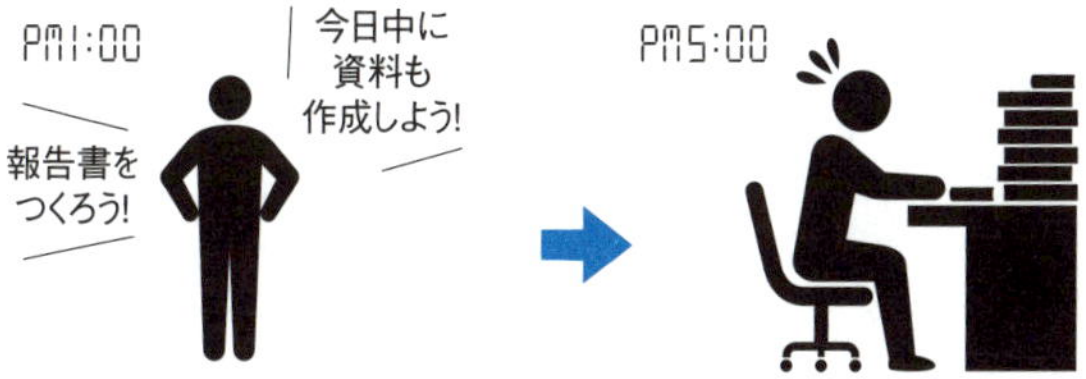

❸ 挫折を計画していない

誤解 1

モノサシがないまま動き出す

あなたは、1日の仕事の段取りを立てるとき、基準となるモノサシを持っていますか？

たとえば、「午前中は会議の資料作成」「午後の早い時間は外回り」「夕方は報告書の作成」といった形で予定を割り振るとき、1つ1つの作業にかかる時間をなんとなく過去の経験から「これくらいかかるかな」と決めていませんか？

実は、ここに段取りに関する1つ目の誤解があります。

私たちは、**自分ができることを明確に数値化せず＝モノサシを持たずに、段取りをしてしまう**のです。

その結果、頭を働かせ、手を動かし、作業に取り組んでみたら、予想よりも時間がかかり、予定どおり終わらなかったという展開に……。そこで生じたロスによって、その後の段取りも崩れていき、「なんで段取りどおりに進まないのかな……」といらだつことになるのです。

その原因を「取引先からの電話に対応していて時間がなくなった」「上司に別の仕事を頼まれて予定がずれた」と他の理由に転嫁してしまうので、モノサシの不在には気づかず、次回もまた同じことが繰り返されます。

私たち人間にもともと備わっている時間感覚はいいかげんなものです。

複数の心理学の研究で明らかになっていますが、**人は何かに取り組むときにかかる時間や労力を軽めに見積もってしまう**傾向があります。

これは**「計画錯誤《けいかくさくご》」**と呼ばれ、学位論文を書いている大学4年生を対象にした実験ではこんな結果が出ています。

研究者は、論文を書いている学生たちに「いつごろ書き終わるか？」と聞き、最短のケースと最長のケースを予測させました。そのとき学生たちが予測した最短日数の平均は27日、最長日数は49日。

ところが、実際に論文が書き終わるまでにかかった日数は平均56日だったのです。最短のケースの日数で書き終えた学生はほんの一握りで、最長のケースと予測した日数で書き上げた学生は、半分もいませんでした。


ちなみに、こうした実験結果を踏まえ、人間の段取りに対する楽観的な傾向を「計画錯誤」と名づけたのは、認知心理学者ダニエル・カーネマンです。のちにノーベル賞経済学賞を受賞するカーネマン自身も、計画錯誤に陥《おちい》った経験があることを告白しています。

カーネマンはイスラエルの大学で教えていた時代に教科書を執筆することになりました。原稿の執筆は順調で、1年ほどで全体のうちの2章分が完成。このとき、彼は執筆チームのメンバー全員に「この教科書が完成するまでにあと何年かかるか?」という予想を聞きました。

カーネマン本人も含む執筆メンバー全員は、2年を中心に最短で1年半、最長で2年半と答えました。ところが、実際に教科書が完成したのは8年後だったのです。

計画錯誤の罠から脱する2つの方法

ノーベル賞経済学賞を受賞する力を持った学者も「自分はできるはず」と誤解し、段取りどおりに進まない状態を経験しているわけですから、多くの人がモノサシを持たないまま段取りを立ててしまうのも「仕方がない」と言えるかもしれません。

実際に仕事が遅れ始めたとき、「音声入力でメールを速く打つ」「図形作成アプリで資料を手早くまとめる」といった基準が曖昧な「仕事の速度を上げる系ティップス」に頼っても根本的な解決にはなりません。

また、「考えるより先に行動したほうが速い」と考えて、がむしゃらに取り組むばかりでは残業時間が増え、いずれ健康を害することになるかもしれません。

こうした計画錯誤の罠《わな》から脱するためには、2つの方法があります。

1つは、**あなたがどのくらいの時間でその作業を終えることができるか、あなたを**

よく知る人に予測してもらうという方法です。

そして、もう1つは**あなたがよく知る同僚が、同じ作業をした場合、どのくらいで終えられるかを予測する**という方法。どちらもポイントとなるのは**「客観性」**です。

人間は、自分が費やす時間や労力には楽観的になってしまいますが、他人の能力については冷静に推し量《おはか》ることができます。ですから、時間配分に関しては他人に決めてもらうのが一番です。

とはいえ、それでは自分ひとりで段取りを立てることが難しくなってしまいます。

そこでお勧めしたいのが、**自分のモノサシを持つ**ことです。

たとえば、1通のメールを読み、返信を書くのに何分かかっているのか。1時間の予定の会議に必要な資料をつくるのに、日ごろ、何十分かけているのか。その間、資料を探すのにかかっていた時間は何分で、実際にキーボードを打ち、テキストを作成するのに何分かかったのか。

1つ1つの作業を分解して、かかった時間、手間などを記録していきます。

ものすごく手間のかかるやり方だと思ったかもしれません。しかし、初めて自分で歯磨きをし始めたころ、歯の磨き方を教わりながら1本1本丁寧に磨いていったように、**手間をかけて身につけた動作は、いずれ無意識のうちに処理できる習慣に変わっていきます**。

段取りに関しても、あなたの動作にかかる時間、労力を数値化しておくこと＝モノサシを持つことがスタート地点となります。これを曖昧な「前はこうだったから」のままにしておくと、いつまでも計画錯誤の罠から脱することができず、段取りどおりに進まない毎日が続くことになるのです。

まずは、自分の力を記録することから始めましょう。

サポートテクニック

自分の1日のすべての行動のログを取る

あなたが自分の事前準備・段取り・スケジューリングをする力を改めて伸ばしていきたいと思ったその日から、トライしてほしいことがあります。

それは**ログを取る**ことです。

最初の2週間で、あなたが仕事や日常生活を送るうえで行っているあらゆる作業にどのくらいの時間がかかっているのか測っていってください。それがあなたのモノサシになります。

朝起きて家を出るまでに何分、その間にどんな作業をこなしているか。たとえば、

ライフログを取る

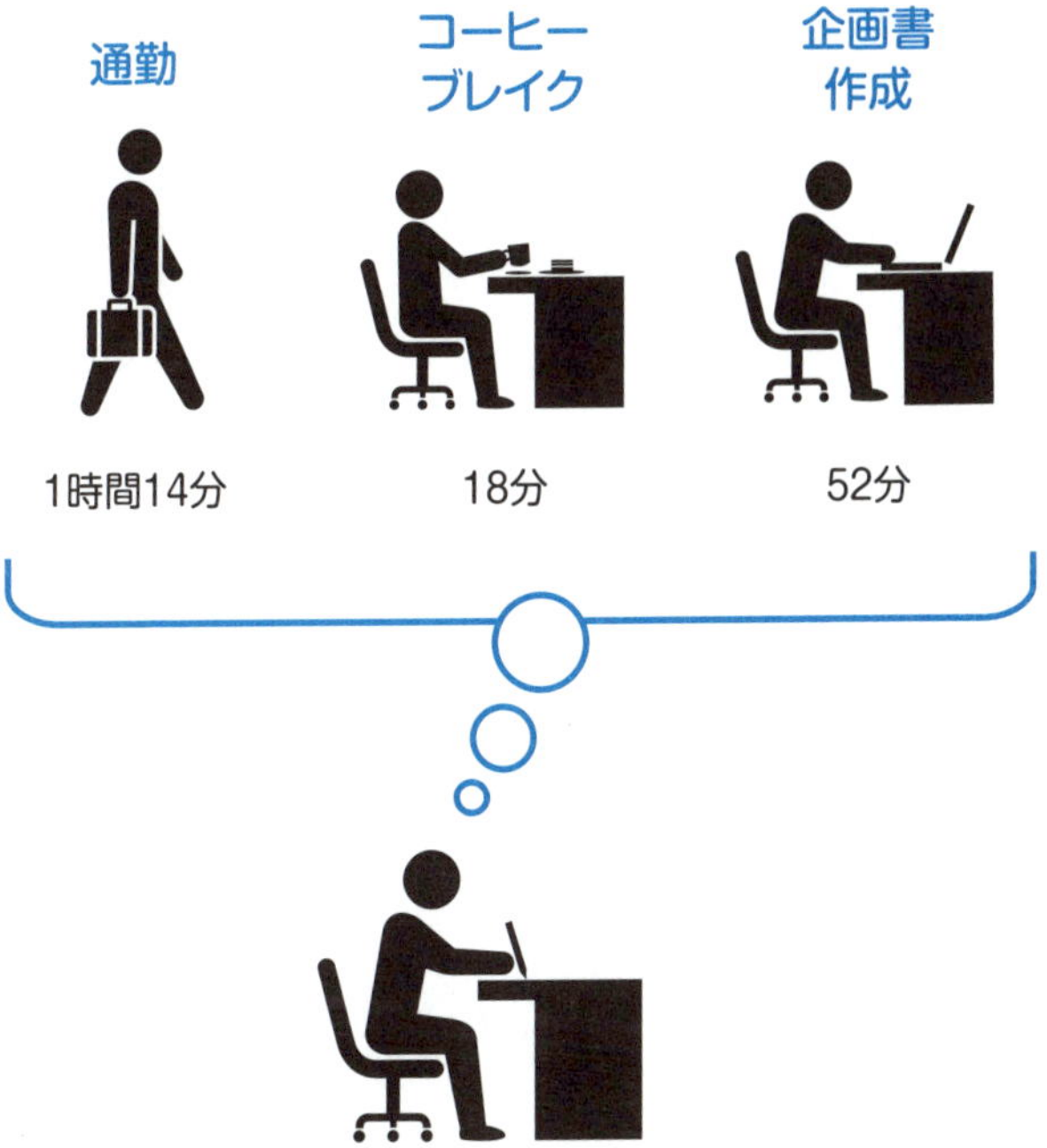

自分の生活上のあらゆる作業の所要時間を測って記録する

コーヒーの用意に何分、朝食をつくり、食べ終わるまでに何分、歯を磨くのに何分、身支度を整えるのに何分、駅まで歩くのに何分……。

会社に着いて最初の仕事に取りかかるまでに何分、1日に何回メールチェックをしているか、1回のメールチェックに何分かけているか。企画書をつくるのに何十分かかったか。ボーッとしてサボっている時間はどれくらいか。仕事に関係のないネットサーフィンをしている時間はどれくらいか。ボーッとしてしまう、ネットサーフィンをしてしまう時間帯は1日のどのあたりか。

客先への移動時間はどれくらいか。その間、電車の中で何をしていたか。本を読んでいたなら、1ページ何分くらいで読み進めているのか。客先での打ち合わせは何分だったか。そのうち、業務上欠かせない会話をしていた時間と雑談の時間の割合は？

職場に戻り、終業時間までに行った作業とそれぞれにかかった時間はどのくらいだったか。帰宅後、どんなふうに過ごし、就寝したか。

事細かに測り、記録してください。メモするのもいいですし、行動記録を残せるタイムログ系のアプリを活用するのもいいでしょう。

正直、自分のモノサシを持つためにログを取る作業は非常に面倒くさいステップです。それでも一度、**基準となる数値を測り終えれば、きちんとした見通しのもとで段取りを立てることができる**ようになります。

そして、立てた段取りがうまくいったかどうかも前回との比較によって、明確な数値として把握できるようになるのです。

誤解
2

あれもこれもできると思い込む

2つ目の誤解について、1つ質問があります。

あなたの身の回りにいる段取り上手な人のことを思い浮かべてみてください。

たとえば、こんなイメージでしょうか。

複数の案件を抱え、同時並行で担当しているはずなのに、ほぼ毎日定時で退社していく上司。自分と同じく忙しく働いているはずなのに、料理、掃除、育児をそつなくこなしてくれるパートナー。趣味の時間を確実に確保しながら、成績は常に上位グループをキープしている同級生。

段取り上手と評される人のほとんどは、そうではない人から見ると、あれもこれも同時に処理しているマルチタスカーに見えます。

私もプロフィールに「1日10~20冊の本を読み、ニコニコ動画やYouTubeライブでの放送を行い、トレーニングをし、講演やコンサルティングの仕事もしています」と書いているため、取材などで「どうしたら、そんなにたくさんのことを同時にやることができるんですか?」と聞かれることがあります。

実は、これが段取りに対する2つ目の誤解です。

私たちは、AもBもCもDも同時に行うマルチタスクを実行できる人=段取り上手だと誤解しがちです。

詳しくは6章で公開しますが、私の1日のスケジュールには非常に細かく書き込みがある時間帯と、まったく余白となっている時間帯があります。そして、1つの時間の枠では、基本的に1つの作業しか行いません。

私が大切にしている段取りの基本は、**やるべき1つのタスクに対して自分のモノサシで測った必要な時間を先に確保し、その時間内で終わるよう集中する**というサイクルです。

シングルタスクを終わらせ、次のシングルタスクと向き合い、また次の……と繰り返していくことで、「どうしたら、そんなにたくさんのことを同時にやることができるんですか？」と聞かれる生産性を実現しています。

これは他の段取り上手な人にも共通しているはずです。

あなたが思い浮かべた人のやり方をもう一度、じっくりと観察してみてください。彼らは、抱えている複数のタスクが期日内にきっちりと片づくように、優先順位をつけ、確保した時間の中で1つずつ集中して処理しています。

短時間の集中と休憩。つまり、自分のモノサシを持ち、1つずつ集中して処理する段取りを立てられるから、段取り上手なのです。

多くの人は、「あれもこれもできる」と思い込み、マルチタスクを前提にした段取りを組みます。タスクを切り分けることができず、「午前中にAとBとCをやらなくちゃいけない。資料をつくりながら、手が空《あ》いたら課長と別件の相談をして、後輩のDくんにも指示を出さなくちゃ」とざっくりマルチタスクで進める人は、気がつくと残業しなければならない流れになっていきます。

マルチタスクは生産性を下げる

実際に、心理学や行動経済学、脳科学の複数の研究によってマルチタスクは生産性を下げることが証明されています。

ある実験のデータでは、**マルチタスクが作業効率を40%低下させ、シングルタスクに比べて作業時間が50%長くなり、作業ミスが50%増加する**という指摘もあります。

また、複数のタスクを切り替えながら仕事をすると、切り替え時に集中力が途切れ、途切れた集中を取り戻すには25分かかるというデータも。マルチタスカーが立てた段取りどおりに仕事ができる可能性は限りなく低いのです。

「あれもこれもできる」という誤解が、段取り下手な自分という自己評価につながるわけです。

それでも多くの人がマルチタスクを続けてしまうのは、そこに一定のごほうびがあるからです。それは「見た目忙しくしている」と評価してくれる上司の存在や企業風土。これは何も日本に限ったことではありません。

ロンドン経営大学院のジュリアン・バーキンショーと生産性問題のエキスパートのジョーダン・コーエンが行った生産性に関する実験の結果によると、知識労働者の勤務時間のうち41％が必須ではない活動に費やされていることが明らかになりました。

その時間でやっている作業は個人的な満足感も乏《とぼ》しく、誰にでもできることだったのです。一見、むだなマルチタスクに多くの時間をさいている理由について、彼らは「忙しくしていれば偉くなった気になれる」と指摘。

人は複数のタスクを進めることで、自分が積極的に仕事に取り組んでいる気持ちになり、1日の終わりに満足感を得られるのです。

その証拠に、マルチタスクで満足感を得ている人に「今日は何をやりとげましたか？」と聞くと、言葉に詰まります。忙しくあれもこれもやったように見えて、実は充実感のある成果を残せていないことが多いからです。

ただし、ユタ大学の研究によれば、どんな作業も効率を落とさずにこなせてしまう**「スーパータスカー」と呼ばれる能力を持った人が、全人口の2％だけ存在する**とされています。

スーパータスカーは、どんなにタスクを分散させ、同時並行で進めても集中力が途切れず、作業スピードも遅くならないそうです。その割合は、全人口の2%。一握りの天才だけに与えられたギフトなので、私たちはまねをせず、シングルタスクに集中しながら処理していく段取り力を磨いていきましょう。

シングルタスクに切り替えるとうまくいく

忙しくしているわりになかなか成果が得られない人は、マルチタスクの罠にはまって、みずからものごとを複雑にしています。こうした「あれもこれもできる」という思い込みから脱するためには、ものごとをシンプルにとらえることが大切です。

そのためには、先ほどの時間のモノサシに加えて、集中すべきことのモノサシを持ちましょう。

今週は、今日は、午前中は、「何をやらなければいけない」と段取りを組むのではなく、**自分が「何に集中するべきか」を考えて優先順位をつけていく**ことです。

これだけは絶対にやらなくてはいけない。これをやっておけば将来に役に立つ。そういった作業を優先順位の上位に配置し、確保した時間内でシングルタスクとして集中しながら処理していく。その連続によって、あなたは確実に段取り上手な人へと近づいていきます。

これまで段取りがうまくいかなかったのだとしたら、それはあなたの能力不足ではなく、時間と集中力を分散させてしまっていたことが原因です。

サポートテクニック

タスクフォーカスを実践する

シングルタスクでものごとを処理する感覚を身につけるため、15分単位で1つの作業を片づける「タスクフォーカス」を試してみましょう。

タスクフォーカスとは、1週間で勉強のために何時間使うか、目標を小さなタスクに切り分けて、進んでいく方法。ここでは**「15分単位で1つの作業を片づける」を1つのタスクとしてとらえ、集中していく**やり方を紹介します。

ちなみに、15分という区切りは、私たちの集中力が無理なく持続する時間に合わせたもの。15分で1回仕事を区切って、2、3分休憩して、また次の15分というサイクルにすると、「15分間はこれにしよう」と作業に集中することができます。

自然とシングルタスクを次々とこなす形ができあがっていくわけです。

ポイントは、**自分の集中力を過信しない**こと。

たとえば、「次の2時間は休憩なしで、一気に企画書を仕上げる」と意気込んだとしても、必ず集中力は途切れます。というのも、集中力に関する脳科学の研究によると、よほどトレーニングを積んだ人でも一度に集中力が持続する時間は90分が限界。しかも、それは1つのタスクに注力した場合です。

仮に2時間の間にメールをチェックしたり、電話に応対したりしていれば、その時点で集中は途切れてしまいます。

同じく2時間の間にあれもこれもやろうとするのも間違いです。あれもこれもが気になってしまい集中力が散漫になり、結果的には何も納得のいくレベルまで仕上がらないまま2時間が過ぎていることになります。

短すぎるようですが、**15分を区切りに休憩をはさみ、シングルタスクを繰り返していったほうが多くのことを成しとげることができる**のです。

世に言う段取りのいい人、仕事の早い人は、自分のモノサシを持ち、自分の集中力

タスクフォーカスを実践する

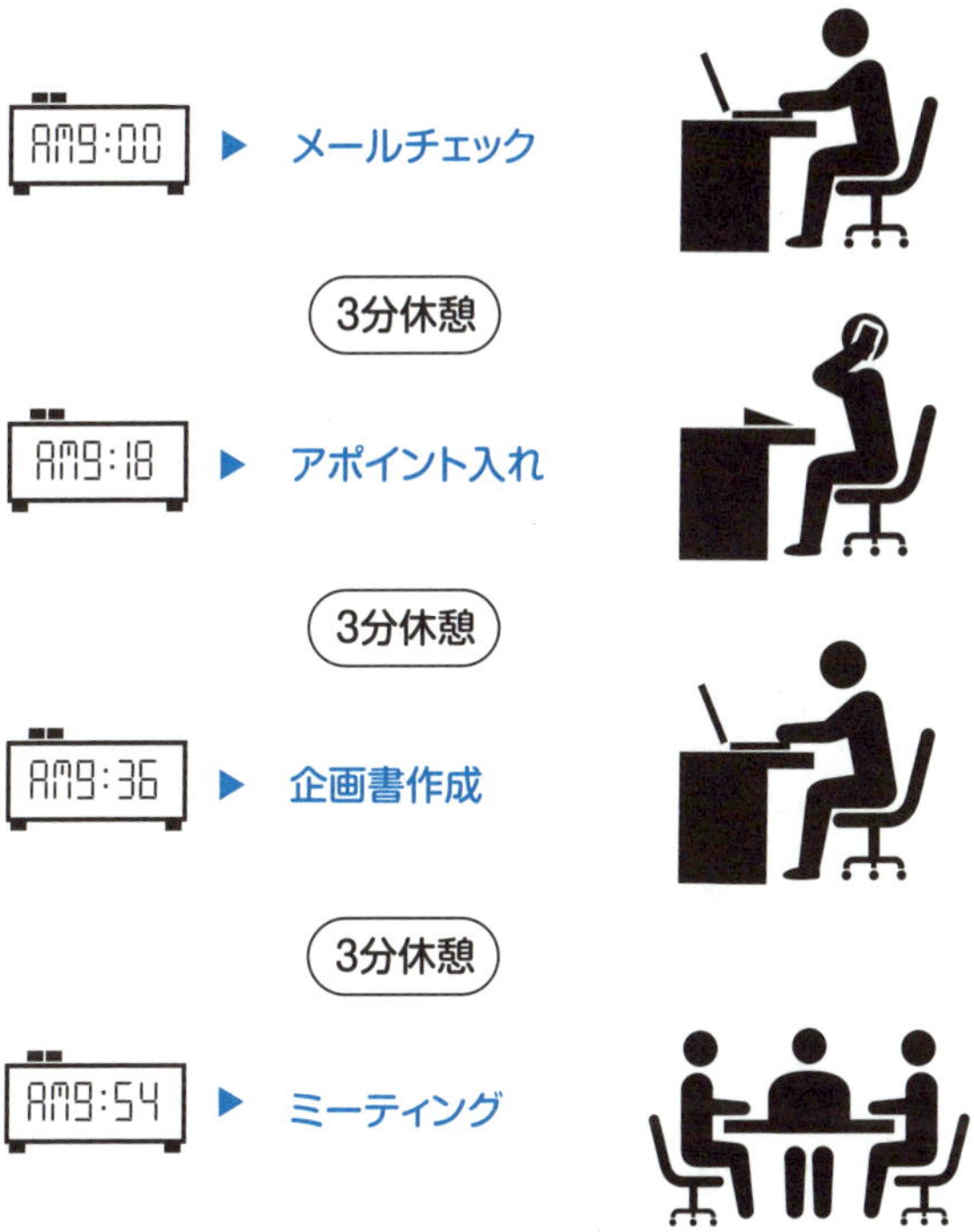

15分単位で1つの作業をこなすようにする

の持続する時間を把握し、自分なりのサイクルでシングルタスクを回転させるタスクフォーカスを実践しています。

普通の人が「次は何をしようか」と迷っている間に、彼らは短い休憩をはさみながら「次はこれ」「次はこれ」と集中して、1時間のうちに3つ、4つのことを片づけていってしまうのです。

公式にするなら、**「仕事量（勉強量）＝時間×集中度」**という式が成り立ちます。

ちなみに、私たちが**1日の中で本当に集中した状態になれるのは、3〜4時間**だと言われています。そして、クリアに集中力を発揮することができるのは、朝目覚めた後から午前中いっぱいです。

ですから、**段取りのうまい人たちは「朝の集中できるときにクリエイティブなことを考え、集中できなくなったら単純作業に切り替える」といったテクニックを経験知から身につけています。**

これから段取りについて学んでいくのであれば、まずは15分で1つずつ、それぞれの間に休憩時間をはさんで1時間で3つの作業を行うパターンを試してみましょう。

どこから手をつけていいのかが分からないという悩みを抱えている人ほど、時間を分割して段取りを立てていくタスクフォーカスが助けになることを実感できるはずです。

誤解 3

挫折を計画していない

「失敗は成功のもと」という格言はもちろんのこと、失敗にまつわる名言はたくさんあります。**人間は失敗する生き物**だからです。

「9000回以上シュートを外し、300試合の勝負に敗れ、勝敗を決める最後のシュートを任されて26回も外した。人生で何度も何度も失敗した。それが成功の理由だ」

（マイケル・ジョーダン　バスケットボール選手）

「失敗なんかしていない。うまくいかない方法を700とおり見つけただけだ」

（トーマス・エジソン　発明家）

「Fail fast, fail cheap, and fail smart」（はやく失敗せよ、安く失敗せよ、賢く上手に失敗せよ）

（エリック・シュミット　Google元CEO）

失敗に関する格言、名言は、いかに失敗から学び、立ち直り、次に生かしていくかが重要だと語りかけてきます。

私たちは自分の人生の段取りを立てるときには、なぜか「失敗」を考慮しません。失敗への不安が頭をかすめることはあっても、ものごとの準備・段取りをするときに考えるのは「どうすればうまくいくか」ばかりです。

なぜ、失敗への不安よりも「どうすればうまくいくか」にばかり目がいくのでしょうか。その理由は、私たちに備わっている**「確証バイアス」**にあります。

確証バイアスとは、**「こうあってほしい結論」を思い定めたとき、それに合致する情報だけを集め、合致しない情報は無視する傾向**のこと。人が判断を誤る原因とされています。

たとえば、旅行の計画を立てているとき、あの観光名所も回りたい、史跡も訪れたい、名物も食べたい、足湯にも入りたい、景勝地と有名な浜辺も歩きたい……と自分や家族の希望をすべてかなえようと1日の観光の段取りを立てたとしましょう。

タイムスケジュールは分刻み。それでも予定どおりに回ることができれば、全員満足の1日になるはず。我ながらよくできた段取りだと満足して迎えた旅行当日。

観光名所での待ち時間、移動時の事故渋滞、名物を買うための行列など、現地では立てた段取りを破壊するトラブルがいくつも起きます。分刻みのスケジュールは崩れ、計画どおりにものごとが運ばず、イライラ……。

あるいは、取引先での重要なプレゼンに向けて、準備を進めていたとしましょう。通常業務が終わった後の時間を資料集めやプレゼン資料の作成に当てることに決めました。比較的忙しくない時期なので、想定では5営業日あれば完成すると予想し、段取りしました。

実際には業務上のトラブルが発生。その対応に時間を取られ、プレゼン資料の作成は進まず、締切日を迎えることに。

トラブルとなった事案は以前にも同様のクレームがあり、十分、予見できたはず。ところが、プレゼンの成功というゴールに意識が向いていたため、トラブルの可能性から目をそらしてしまったのでした。

「うまくいくはず」という確証バイアス

確証バイアスが働くと、人は「こうあってほしい結論」ありきの理由を集めて計画を立ててしまいます。本来であれば「理由→結論」という判断をすべきところが、「結論→理由」の順番になってしまうのです。

その結果、段取りが崩れ、目指していたゴールにたどり着きそうもないと分かったとき、モチベーションが一気に下がり、投げ出したい気分になります。

これは心理学の世界で**「どうにでもなれ効果（The What-The-Hell Effect）」**と呼ばれるもの。かなり砕けた名称ですが、論文でも使われている用語です。

詳しくは4章でも紹介しますが、「どうにでもなれ効果」が発動すると、人は自分の立てた計画、段取りを放り出してしまいます。

たとえば、「夏までに5キロ痩せたい」とダイエットをしている人が、業務上、どうしても断れない会食に参加。

サラダやチキンだけで済ませようとしていたところ、取引先のキーマンから「この店でパスタを食べないのはもったいない！」と勧められ、口にしたら最後、「今日はいい。デザートのケーキも食べる！」となってしまうわけです。

こうして一度、立てていた段取りが崩れると立て直すには、より多くの努力が必要になります。実際に、暴食した一夜によってダイエットがなし崩し的に終わったケースは世の中に数多《あまた》あるはずです。

先ほどの例で言うと、重要なプレゼンであれば、なんとかスケジュールを再調整するなど対策するでしょうが、旅先での計画なら投げ出したまま、1日を終え、もう次の日からは成り行きまかせにしてしまうかもしれません。

失敗や挫折を想定せず、「うまくいくはず」という誤解をしたまま段取りを立てる

と、逆にうまくいかない可能性が高くなるというわけです。

段取りを立てるときは先に「失敗する、挫折する、計画外のことが起きる」ということを計画に盛り込んでおくこと。

失敗したとき、挫折したとき、計画外のことに直面したとき、自分がどんな感情を抱くのか。その結果、ものごとが進まなくなったとき、どう対処すればいいのか。

そこまで対策を立てておくのが、本当の意味での段取り上手です。

失敗や挫折への対策、感情の揺れへの対処法は3章、4章で詳しく解説していきます。ここでは、「段取りは挫折しないための対策であるということ」「失敗、挫折、計画外のことの発生をあらかじめ段取りに盛り込んでおくこと」という2点を覚えておいてください。

サポートテクニック

誰も知らないＴｏ Ｄｏリストの正しい使い方

もし、あなたが仕事の効率化や計画性を高めるためにＴｏ Ｄｏリストを使っているなら、今日からやめてしまいましょう。

というのも、**Ｔｏ Ｄｏリストには、箇条書きにした項目のうち41％が決して実行されることのないwishリストとなってしまうという難点がある**からです。

この数字は、アメリカでＴｏ Ｄｏ管理サービスサイトを展開している「I Done This」の調査によるもの。同調査では、**書き出されたＴｏ Ｄｏリストの項目のうち50％が、その日のうちに実行され、その多くは1時間以内に終わっている**ことも分かりました。

つまり、多くの人はＴｏ Ｄｏリストを書くとき、思いついたままに「やること」

を書き出し、その中から実行しやすいものに手をつけ、それ以外は目をつむっているということです。

たとえば、ToDoリストの中に「新規事業の提案書を書く」「英会話を始める」「部屋の模様替えをする」など、未来に向けて始められたらいいけれど、さほど強制力のない「やること」を盛り込んだとしましょう。

結果的には「通常業務の報告書を提出する」「部下と飲みに行く」「部屋のゴミ出しをする」といった日常的にやらなければならないことが優先され、未来に向けて始められたらいいことは「やること」として実行されないまま放置されてしまうのです。

しかも、**人間の心理としてToDoリストに書き出すという行動を起こしただけで小さな達成感を得る**ことができます。

「新規事業の提案書を書く」「英会話を始める」「部屋の模様替えをする」と箇条書きするだけで、未来を見据えた自分を評価してしまうのです。

段取りという観点からすると、**ToDoリストのデメリットはすべての項目が同**

じ優先度に見えるところにあります。

すると、「どれからやろうかな?」と思ったとき、簡単な項目から手をつけていくことになります。本来はTo Doリストに入れる必要のないような瑣末《さまつ》な項目から手をつけ、ある程度の達成感を得て、時間切れとなってしまうのです。

加えて、To Doリストには所要時間が分からないという問題もあります。

書き出した「やること」リストが何項目にもわたって続いていくと、処理するのにどれだけの時間がかかるか分からなくなります。その不安感から、多くの人は数分でさっと完了する項目から取りかかり、時間が長くかかりそうな項目が残るのです。

その結果、To Doリストの4割は永遠に終わることなく、次のTo Doリストにも盛り込まれるか、忘れ去られるかしていきます。

こうしたTo Doリストのデメリットを克服するために有効な方法が2つあります。

1つは**シングルタスク化**。もう1つは、**スケジュールに「やること」リストを組み入れる方法**です。

シングルタスク化のやり方は簡単です。まずは、これまでどおりのやり方でＴｏＤｏリストをつくりましょう。あれもこれもと思いつくまま、「やること」をバーッと書き出していきます。

これ以上ないかなと思ったら、手を止めます。次に数分で片がつくような「やること」を削っていきます。たとえば、「〇〇さんに電話をかける」「〇〇さんにメールの返信をする」「資料本を買っておく」など、50％のすぐ終わる項目をあらかじめ消してしまうわけです。

続いて、41％の永遠に終わらない項目を洗い出します。未来に向けてやったほうがいいと思っているけれど、実際に行動に移す可能性は低い「やること」リストを消していきます。

こうして残った項目から、本当に大事だと思える1つの項目だけを選び出します。そして、行動に移し、それが終わるまで他の残っている項目には手をつけないこと。

これがシングルタスク化。つまり、**たった1つのやるべきことを明確にするため、ＴｏＤｏリストを活用する**わけです。

もう1つのスケジュール帳に「やること」リストを組み入れる方法は、やるべきことを実行する時間を先に取り、スケジュールに組み込みます。

たとえば、「メールを送る」であれば、1日3回、朝、昼、夜に15分ずつメールチェックの時間を確保。それ以外の時間はメールを開かず、1日3回で集中的に処理していきます。

あるいは、「報告書の作成」であれば、作業に必要とされる時間と締め切りを併記して、スケジュール帳に作業時間を確保。報告書の目的と最低限盛り込むべきポイントも書き込みます。

こうして時間を確保し、スケジュールに組み込むことで「あれをやらなくちゃ」というストレスも軽減。実際にその作業に手をつけるまで、集中力をそがれることなく別の作業に集中することができます。

また、実行する時間を確定することで「やること」が後回しになり、結果的に放置されることも防ぐことができるのです。

スケジュールに「やること」リストを組み入れる

○月○日

AM	9:00〜 9:45	朝礼
	9:50〜10:05	メールチェック
	10:05〜10:08	休憩
	10:08〜10:55	企画書作成
	⋮	
PM	1:30〜 1:45	メールチェック
	1:45〜 2:15	資料作成
	2:15〜 3:00	ミーティング
	3:00	外回り
	⋮	
	5:30	帰社
	5:30〜 6:15	報告書作成
	6:15〜 6:30	メールチェック
	6:30	退社
	⋮	

**やるべきことをスケジュールに組み込んで
ストレスが軽減**

2章

科学的に正しい計画へと導く、たった1つの原則

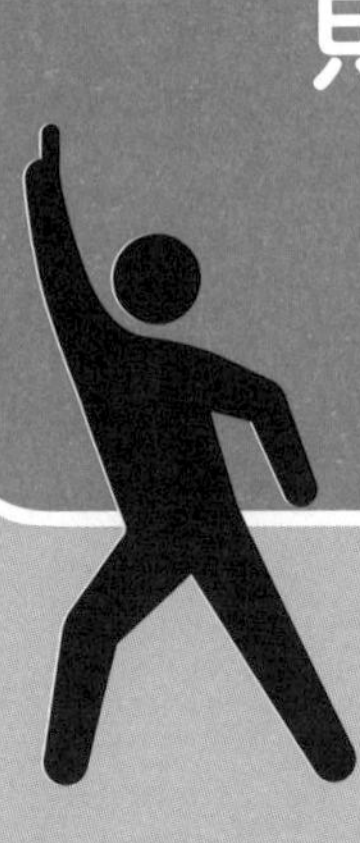

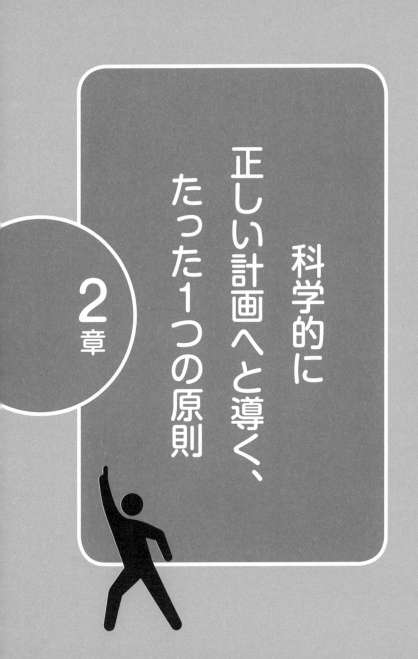

段取りのための段取りによって正しいゴールに向かう

1章では、段取りの誤解という形で、段取り上手な人と段取り下手な人を隔てている3つのポイントを紹介しました。

1つ目は、「モノサシを持つこと＝自分の動作にかかる時間、労力を数値化しておくこと」。

2つ目は、「シングルタスクに徹すること＝自分が『今、何に集中するべきか』を考えて優先順位をつけていくこと」。

3つ目は、「挫折《ざせつ》を計画すること＝挫折、失敗、計画外のことの発生をあらかじめ段取りに盛り込んでおくこと」。

この3つのポイントを実現するための方法は、3章、4章で詳しく紹介していきます。2章では何をお伝えするかと言うと、「段取りをつける前の事前準備」について。回りくどい言い方になりますが、段取りのための段取りです。

私たちが**段取りを立てるのは、目標を達成して、何らかの成果を得るため**です。

しかし、その成果やゴール地点の設定が間違っていると、段取りどおりに事が進んでも、求めていたリターンや充足感が得られません。

たとえるなら、ゴール地点を知らないまま、あるいは間違った場所をゴールだと思い込み、フルマラソンを走っているようなもの。すると、「これ、本当にやるべき?」という疑問が浮かび、途中でモチベーションが下がり、「どうにでもなれ効果」が作用して、うまくいかなくなることも間々《まま》あります。

なぜ段取りをつける前に事前準備が必要なのでしょうか。

理由ははっきりしています。間違ったゴールに向かう段取りをつけても、いい結果にならないからです。

要するに、1章で解説し、次章以降で詳しく紹介する「段取り上手になる方法」をいくら身につけたとしても、そもそものゴールの設定を間違えてしまうと、いつまでも満足できる成果は得られないわけです。

たとえば、山を登るときに「頂上にたどり着きたい」という目標は同じでも、あなたの希望によってプロセスは変わってきます。

最短最速で頂上を目指すなら、安全性の確認が取れている既存のルートを選ぶでしょう。絶景を楽しみたいのならルートも変わってきます。前人未到の冒険がしたいのなら断崖絶壁を踏破するルートになり、アルピニスト的な挑戦が待っているかもしれません。

どのルートがいいかは、あなたの望み次第です。

段取りのための段取りによって正しいゴールに向かう必要があります。立てた段取りをむだにしないためのゴールの設定の仕方をお伝えします。

現時点で最もエビデンスのあるゴール設定方法「MACの原則」

これまで心理学、行動経済学、脳科学などの分野で目標設定やゴールの設定方法について、さまざまな研究が行われ、数多《あまた》の手法が紹介されてきました。

優れた研究成果もあれば、「それは実験でしかうまくいかないのでは？」という内容の論文もあります。そんな数々の先行研究のうち、評価の高い38件の論文を集め、メタ分析。現在のところ最も効果的なゴールの設定方法とされているのが、アイントホーフェン工科大学の研究チームがまとめた**「MACの原則」**です。

ちなみに、メタ分析というのは複数の先行研究の結果を統合し、さらに分析した「論文の論文」のようなもの。**現時点で最もエビデンスのある研究成果であり、最強**

の段取りのための段取り方法だと言えるでしょう。

そんな「MACの原則」は、M、A、Cの3つの要素から成り立っています。

Ⓜ＝Measurable（メジャラブル）測定可能性＝
目標（ゴール）が数字として測定可能なこと

Ⓐ＝Actionable（アクショナブル）行動可能性＝
目標（ゴール）を正確に把握し、そこにたどり着くまでのプロセスを明確に書き出せること

Ⓒ＝Competent（コンピテント）適格性＝
目標（ゴール）を達成することが、自分の価値観に基づいていること

使い方は簡単です。

あなたが何か目標を定め、段取りをつけようとするとき、この3つの視点から「取り組むべき目標が、本当にあなたが取り組むべき目標かどうか」をチェックしていきましょう。

たとえば、「自分がプロジェクトリーダーとして取り組んでいるイベントを成功させる」「今年はプライベートの時間を充実させたい」「彼氏彼女をつくりたい！」といった目標があったとしましょう。

それぞれの目標達成に向けて段取りを立てていく前に、一度、MACの原則に照らし合わせていくわけです。

「MACの原則」が私たちを正しいゴールに向けて動かす理由

「自分がプロジェクトリーダーとして取り組んでいるイベントを成功させる」であれば……。

M（メジャラブル）＝「集客の目標人数や当日の売り上げ額、SNSでの拡散度合いなど、イベントの成功の基準を数値化する」

A（アクショナブル）＝「集客、売り上げなどの目標数値をクリアするために、イベント前にできる仕掛けを具体化する」

C（コンピテント）＝「プロジェクトリーダーとして動く自分にとって、そのイベントが目標の集客、売り上げを達成することは喜ばしいことかどうか考える」

「今年はプライベートの時間を充実させたい」であれば……。

M（メジャラブル）＝「何をするとプライベートが充実するのか。そのためにはどのくらいの時間が必要なのかを算出する」

A（アクショナブル）＝「必要な時間を捻出するためには、生活をどう変化させていけばいいのか。仕事や家事の効率化など、時間を確保するための具体的な行動を決める」

C（コンピテント）＝「プライベートを充実させることが、自分の人生をよりよくしていくかを考える」

「MACの原則」を活用する

M ＝メジャラブル

目標を数値化する

○ 売り上げを前年比20%アップさせる

× 売り上げを上げる

A ＝アクショナブル

ゴールまでのプロセスを明確化させる

○ 新たに、30社を顧客リストに加える

× 顧客リストを活用する

C ＝コンピテント

目標達成が価値観に基づいているか考える

→ 将来の独立に向けた自分の
スキルアップにつながるからやる

「彼氏彼女をつくりたい！」であれば……。

M（メジャラブル）＝「〇月〇日までに彼氏彼女をつくるという期限を設けて、願望を数値化する」

A（アクショナブル）＝「期日までに彼氏彼女をつくるための具体的なアクションプランを立てる。マッチングサイトに登録する、友人知人に紹介を頼む、意中の人をデートに誘う、など」

C（コンピテント）＝「彼氏彼女をつくることが、本当に望んでいることなのかを考える」

感情に左右されずに行動に専念する

「MACの原則」が優れているところは、目標の数値化、行動の具体化だけで終わらないところです。

数値化、具体化はともに人を行動しやすくさせます。

会社から「売り上げを上げろ」と言われるよりも、「売り上げ目標は、前年比20％アップ」のほうが分かりやすく、「20％なら、新規開拓で10％、既存客の掘り起こしで10％」「そのためには……」と行動も具体化しやすくなるわけです。

数字を設定し、プロセスがきちんと進んでいる感覚があることで、ものごとは計画どおりに進みやすくなります。

ところが、困ったことに**人間は感情に行動が大きく左右される生き物**です。メジャラブルでアクショナブルであっても、それだけでは私たちのやる気は継続しません。数字でゴールを設定しても、プロセスが明確でないと、どこから手をつけていいか分からない。達成した後、満たされる自分の欲望が分かっていないと、やる気にならない。

だからこそ、3つ目の視点であるコンピテントが重要なのです。

目標そのものが自分の価値観に合致しているか、手に入る成果が自分にとって意味のあることとか、数値化、プロセスの具体化と並行してコンピテントを確認し、納得感を得ているかどうかが、**段取りのための段取りの最重要ポイント**となります。

魅力的なオファーを断ったのは コンピテントの視点から

MACの原則を使うときの注意点は、1つ1つの要素を満たしているからと安心しないことです。

たとえば、「売り上げ前年比20%アップ」はメジャラブルな目標で、「達成時に臨時ボーナスが出るからがんばる」となればコンピテントも満たします。しかし、その数字を目指してがむしゃらにがんばるだけでは、途中でつまずく可能性が高くなってしまいます。

なぜなら、具体的なプロセス、行動の手順が示されていないからです。アクショナブルが足りない段取りは、机上《きじょう》の空論《くうろん》になりやすく、実行時にトラブルが生じると容易に崩れてしまいます。

ＭＡＣの原則は「Ｍ」「Ａ」「Ｃ」の３つの要素を満たすことで機能するのです。メジャラブルだからＯＫ、アクショナブルだからＯＫ、コンピテントだからＯＫではなく、**メジャラブルでアクショナブルでコンピテントだからこそ、真剣に段取りを組み、本当に追求すべき目標となる**のです。

実際に、私も「ＭＡＣの原則」を活用しています。最近、某ＩＴ企業から１日15分生放送する帯番組へのレギュラー出演のオファーがありました。

・可能な限り、３６５日毎日出演してほしい
・ギャランティは１回の放送で30万円

年間で約１億円になる好条件のオファーでした。

出演時間は15分ですから、本の執筆、コンサルティング業務、講演活動も並行可能です。思わず飛びつきたくなりましたが、「でも、待てよ」と、ＭＡＣの原則に照ら

し合わせていったのです。

M（メジャラブル）＝「可能な限り、365日毎日出演。ギャランティは1回の放送で30万円。年間約1億円の報酬」

A（アクショナブル）＝「出演するとなると、毎日同じ時間に都内にあるスタジオに行かなければならない。往復の移動時間、メイクなどの準備、本番前の打ち合わせを含めると3、4時間拘束。放送時間は20時台なので、他の仕事は必ず夕方には切り上げなければならない」

C（コンピテント）＝「この仕事は本当に自分が望んでいることなのかを考える」

アクショナブルな要素を細かく抽出《ちゅうしゅつ》していくと、1億円というメジャラブルな数値の魅力が少しずつ色あせていきました。しかも、放送中は自分の興味のないクイズに参加したり、話題のニュースにコメントしたりしなくてはいけません。

果たして、その仕事は私の人生の価値観に沿ったものなのか。コンピテントの視点から見たとき、「この仕事はやるべきではない」と決断しました。

このように**数値化、プロセスの具体化と並行して、「本当にやるべきか」のふるいとなるコンピテント／適格性に照らし合わせることで判断が下しやすくなる**のです。

だからといって、コンピテントだけで段取りを始めると抽象度が高く理想を追うばかりの目標になってしまい、失敗します。**三位一体で活用することで、MACの原則は最強の段取りのための段取り術となる**のです。

目標達成をサポートする5つの質問

私たちが「MACの原則」を使って目標を定めるに当たり、サポートテクニックとして役立つのが**「疑問型セルフトーク」**です。

イリノイ大学が行った実験によると、人は**自分の考えに対してポジティブ思考で語りかけるよりも、疑問形をぶつけたほうが事前の準備、段取りがうまくいく**ことが分かりました。疑問形というのはこんな感じです。

・「自分は売り上げ前年比20％アップの目標を達成できる」と言い聞かせるのではなく、「自分は達成できるだろうか？」と問いかける

・「自分は彼氏彼女をつくる」ではなく、「自分に彼氏彼女はできるだろうか？」と考える

なぜ疑問形をぶつけると事前の準備・段取りがうまくいくのでしょうか。イリノイ大学の研究チームは、**脳が「目標を達成するにはどうすればいい？」という方向に向けて現実的に考え出す**からだと指摘しています。脳に対して思考の道筋をつくってあげる効果があるわけです。

逆に一般的な自己啓発書で目標達成に効果があると勧められているポジティブ思考には、脳の思考の道筋を失敗ルートへ導く可能性があります。

ポジティブ思考の失敗ルート

1．ポジティブに考える

2．脳は現実とポジティブな想像の区別がつかないので、勝手に「目標をやりとげた！」と勘違いする

3．行動を起こす前に、モチベーションが下がっていく

4. 段取りどおり進まず、目標の実現に失敗する

どうしてこうした現象が起きてしまうのか。ポジティブ思考について20年の研究成果を発表しているドイツ人心理学者ガブリエル・エッティンゲンはこう指摘しています。

・人は理想をイメージする行為によって、脳内で目標を達成したと思い込んでしまう。すると、現実でのトラブルや逆境を乗り越えようとする行動力が低下する。

・ポジティブな空想にふけると楽しくなり、一時的に高揚《こうよう》するがやがてエネルギーが枯れる。その後、無気力になり、計画を投げ出し、衝動的に行動するようになる。

できるというポジティブな思い込みが、事前の準備・段取りを崩す原因となるのです。

「疑問型セルフトーク」で現実モードになる

逆に「疑問型セルフトーク」を使うと、脳は現実的に達成可能なプロセスに目を向け、現実モードで思考し始めます。

「MACの原則」と「疑問型セルフトーク」を組み合わせる場合、次の5つの質問を自分にぶつけると効果的です。

1. **「自分はできる！」を「自分は本当にできるのか？」に変換**
⬇脳が目標を現実的なものとして考え出す⬇目標をメジャラブルにする助けとなる

2. **「自分はできる！」を「なぜ自分はこれをしたいのか？」に変換**
⬇「なぜ？」を問うことで、自分の価値観を掘り下げる⬇コンピテントを探る助けとなる

3.「自分はできる！」を「どのように自分はこれをするのか？」に変換
⬇脳が目標達成のための具体的なアクションを考え始める⬇アクショナブルな思考を助け、プロセスが明確になる

4.「自分はできる！」を「いつ自分はこれをするのか？」に変換
⬇時間的なゴールを設定する⬇目標がさらにメジャラブルになる助けとなる

5.「自分はできる！」を「もっとうまくやるには？」に変換
⬇目標をよりよいものへと引き上げる⬇よりアクショナブルなプロセスをつくることができ、具体的で実現性の高い段取りを立てる助けとなる

初めて「MACの原則」を使うとき、この「疑問型セルフトーク」の5つの質問を自分にぶつけていくと、スムーズに「M」「A」「C」が明確になっていきます。その際、注意点が1つ。それは**否定的な疑問形を使わない**ことです。「できないいんじゃないか？」「無理じゃないか？」は逆効果。**「自分は本当にできるのか？」「できるとしたら、何をしたらいいかな？」というふうに実現に向けた可能性を加味した疑問形で、自分に問いかけ**ていきましょう。

ポジティブ思考より疑問型セルフトーク！

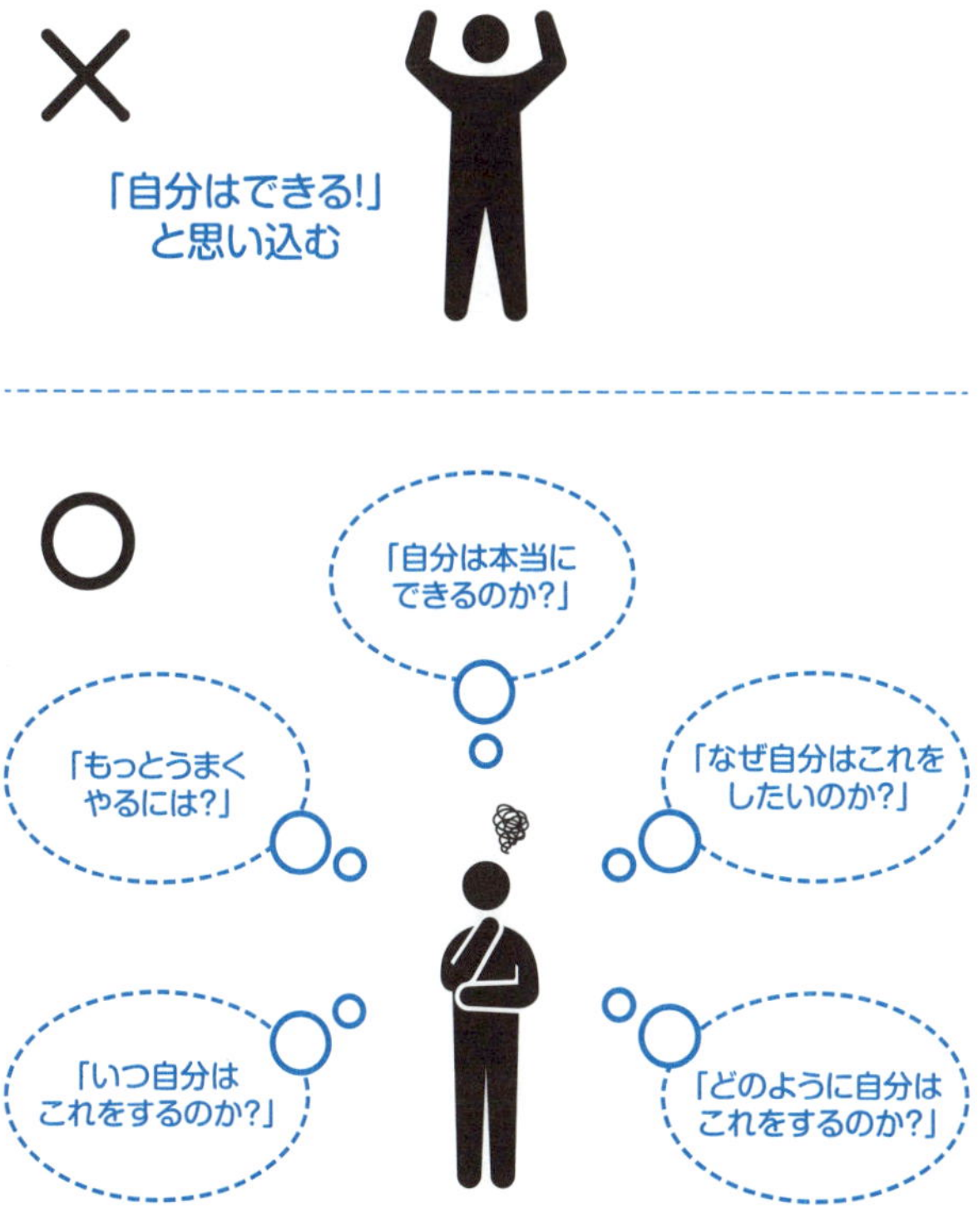

5つの質問を自分に問いかける

やりたくない仕事をゴールに導くには？

仕事をしていると自発的に目標を立てられる場面ばかりではありません。上司から割り当てられた気乗りしないプロジェクトもあれば、業務上どうしても取らなければならない資格のために勉強しなくてはいけないこともあるでしょう。

そういったゴールの設定が後ろ向きな目標を達成するためにも、**「MACの原則」＋「疑問型セルフトーク」**は有効です。

やりたくない仕事を振られたときに、「なぜ自分はこれをしたくないのか？」と考えてみましょう。

「押しつけられた目標でやる気が出ない」のであれば、「取り組むと少しでもいいことがあるかな？」と問いかけます。

そんなふうに疑問形をぶつけていくことで、あなたにとってのコンピテントにかなう部分が見えてくるはずです。

「乗り気ではないけど、このプロジェクトに関わることで社外でのネットワークが広がりそうだ」

「資格試験に向けた勉強を通して、学ぶ習慣が身につくかもしれない」

やりたくなかった仕事や気乗りしないプロジェクトの中に「自分がやるべき理由」が見えてくると、目標の数値化、プロセスの具体化も進みます。

仮にどうしても「やるべき理由」が見出せなかったとしても、「MACの原則」を使いこなせるようになると「自分のやりたいことに費やす時間を確保するために、会社から求められたタスクはできるかぎり、効率的に終わらせよう」といった切り替えがうまくなります。

「やりたくない」と感じたものの、やらざるをえないものごとについてはコンピテントから考えることで、打開策が見えてくるのです。

「ＭＡＣの原則」＋「疑問型セルフトーク」の組み合わせは、脳を現実的なモードにし、正しいゴールの設定を助け、そこに至るまでの目標の数値化、プロセスの具体化を後押ししてくれます。

向かうべきゴールがきちんと定まれば、後は目標の数値化のよりよい方法、プロセスの具体化のよりよい方法、そして、プロセスを着実に進めていくよりよい方法を学ぶことで、ものごとの達成率は格段に上がります。

３章では、段取り上手となるための７つのテクニックを紹介します。

3章

計画どおりに進めるための7つのテクニック

日本人の98%は段取りを必要としている

なぜ私たちは段取りを気にするのでしょうか。

逆説的ですが、日本人ほど段取りを必要としている人たちはいません。というのも、**国民の98%がネガティブなタイプ**だからです。

ウェルズリー大学の心理学者ジュリー・K・ノレム博士は、人間のメンタリティーを大きく分けて2つに分類しています。

1つは**「防衛的ペシミスト」(DP)**と呼ばれ、**それまで成功していても「次は失敗するかも」と考えるタイプ**。

もう1つは**「戦略的オプティミスト」(SO)**で、**根拠はなくとも「次も大丈夫で**

しょ」と考えられるタイプ。

「ネガティブ派」と**「ポジティブ派」**と言い換えてもいいでしょう。

私たち日本人の98%は前者の「防衛的ペシミスト」に該当すると言われているのです。この研究には脳科学による裏づけもあります。

脳内には、**「セロトニン」**という神経伝達物質があります。これが**十分にあると安心感を覚え、やる気も出る**ことが分かっています。そのセロトニンの量を調節しているのが、セロトニントランスポーターと呼ばれるたんぱく質です。

この数が多いと、セロトニンをたくさん使い回せるので、気持ちが安定して前向きになり、逆に少ないと不安傾向が高まります。

セロトニントランスポーターの数が多いか、少ないかはある遺伝子によって決まっています。この遺伝子がS型の場合、セロトニントランスポーターが少なくなり、L型だと多くなります。

アメリカではL型が57%でS型が43%なのに対し、**日本ではL型が19%で、不安遺伝子と呼ばれるS型が81%。**S型が8割を超える国は日本だけで、つまり、**遺伝的に**

世界一不安になりやすい民族なのです。

とはいえ、不安遺伝子を持っているからと言ってものごとがうまく進まないかというと、そんなことはありません。**不安な遺伝子を持っている人のほうが相手に配慮するので、信頼感を得やすく、友人関係もよくなる**ことが分かっています。また、慎重に行動するので交通事故に遭いにくいという統計もあります。**不安を原動力にものごとを学んでいくので、記憶力が高く、集中力も上がる**ことが分かっています。

日本人の国民性としてよく言われる「マメで、マジメで、勤勉」という姿勢はS型遺伝子の影響かつ、「防衛的ペシミスト」だからかもしれません。**不安が強い国民性だからこそ、入念に準備し、段取りをつけていくことにも向いている**のです。

失敗を恐れない戦略的オプティミスト、事前の準備に時間をかける防衛的ペシミスト

1つ勘違いしてはいけない点は、**ポジティブな「戦略的オプティミスト」のほうが成功しやすく、ネガティブな「防衛的ペシミスト」は失敗しやすいという話ではない**ということ。「心配性な人は成功しない」「ポジティブに考える人が成功する」など、いろいろな迷信がある中で、「どちらのタイプでも成功します」というのが正解です。ジュリー・K・ノレム博士は、どちらも成功に向かう資質であり、ただタイプ別に取るべき戦略に違いがあると指摘しています。

根拠はなくとも「大丈夫」と考え、すぐに動き出すことができる「戦略的オプティミスト」は失敗したとしてもすぐに立ち直ります。また次のチャレンジを始めることができます。

まさに1章でも紹介した「Fail fast」（はやく失敗せよ）で、「戦略的オプティミス

ト」は段取りに時間をかけるよりも大胆なトライ&エラーを繰り返しながら、成功に近づいていくわけです。

一方で、**うまくいっていても「次は失敗するかも」と考える「防衛的ペシミスト」は、不安のせいで人よりも事前の準備に力を注ぐことができます**。段取りを立てることに熱心で、十分な準備をしたと納得してから行動に移るので、結果的に成功率が高まるのです。

重要なのは、あなたの性格がどちらのタイプに近いかを見極めたうえで、適した戦略に沿った行動を取ること。自分が**「戦略的オプティミスト」に近いなら、失敗を恐れずに挑戦回数を増やすことを心がけ、「防衛的ペシミスト」に近いなら、事前の準備に時間をかける入念な段取りを心がけましょう**。

ただし、「戦略的オプティミスト」は日本人の中では、極めて少数派です。大部分は「防衛的ペシミスト」ですから、準備やスケジューリングを含めた正しい段取りの方法を学ぶことで、目標の成功率を高めることができます。

あなたはどちらのタイプ？

防衛的ペシミスト

「何ごとも
納得いくまで調べ
十分な準備をする」

↓

正しい段取りで成功に近づく

戦略的オプティミスト

「根拠はなくても
「大丈夫」と
考え、すぐに動き出す」

↓

トライ&エラーで成功に近づく

私が自分を変えられたのは、防衛的ペシミストだったから

ちなみに、私は性格的に完全に「防衛的ペシミスト」です。

ものごとに対して、根拠なく「大丈夫でしょ」と思えることがないので、何ごとも1つずつ納得がいくまで調べ、試し、取捨選択しながら段取りを立てていきます。

「はじめに」で紹介したバックパック選びはその典型ですが、**調べれば調べるほど、比較すればするほど安心する**ので、昔から「ＤａｉＧｏは変わったヤツだ」と思われてきました。

ただ、その積み重ねがあったからこそ、今こうやって科学的根拠に基づいたさまざまなジャンルの本を出すことができていると言えます。正直、「将来、こんな自分でありたい」と目標を思い描き、今の状態になるまで10年かかりました。

逆に言うと、10年間自分を変化させるプロセスを歩み続けられたのは、不安で仕方

ない「防衛的ペシミスト」だったからです。

ものごとをネガティブに受け止めがちな人に対して、「ポジティブになってトライ&エラーを繰り返そう！」とアドバイスしてもあまり意味がありません。遺伝子が規定している傾向なので、後天的に変えることは難しいからです。

日本人の大部分は防衛的ペシミストなのですから、**事前準備に時間をさき、目標に向けた正しい段取りの方法を学ぶべき**です。そのほうが、人生の成功に近づきます。

次からは、テクニックについて、1つ1つ説明していきます。

テクニック 1

意思決定の原則「if-thenプランニング」

段取り上手になるための1つ目のテクニックは、**「if-thenプランニング」**。これは94件の学術研究で効果が立証されている**最強の段取りのテクニック**です。

「if-thenプランニング」は、その名のとおり、「もし(if)Xが起きたら、行動Y(then)をする」と前もって決めておくことで、行動に躊躇《ちゅうちょ》する私たちの背中を押すというもの。

たとえば、「月曜日、水曜日、金曜日の朝は起きたら(if)、筋トレをする(then)」「風呂上がりには(if)、ストレッチをする(then)」「もし仕事中にSNSを見始めてしまったら(if)、5分でやめて仕事に戻る(then)」といったプランを決めて、リスト化しておきます。

すると、意志の力とは関係なく、自動的に行動を起こすことができ、段取りどおりものごとが進んでいくのです。

実際に「if-thenプランニング」の効果を測定した実験ではこんな結果が出ています。

「月曜日、水曜日、金曜日が来たら、仕事の前に1時間ジムで汗を流す」と決めた被験者は91%が数週間後もジムに通い続け、逆に何も決めずに臨《のぞ》んだ被験者の61%はジム通いをやめてしまったのです。

具体的な「if-thenプランニング」の仕方は次のようなステップとなります。

英語を習得したい場合

1．段取りが崩れそうな場面をイメージする

・仕事が忙しく、寝る前に英語を勉強する時間が取れそうにない
・どうしても参加しなければならない飲み会があり、その後は酔っていて、まともな勉強になりそうもない

2．もし、「1」の状態になったらどうするかを考えておく

・終電間際まで残業で日付が変わってから帰宅するような日は、すぐに寝床に入る。そして、次の日の朝に英語の勉強時間を確保する
・飲み会がある日は、飲み会に参加する前に英語を勉強する

3.「2」で決めた対処法を「if-thenプランニング」の形にする

・もし日付が変わってから帰宅するようなら、次の日の朝に勉強する
・もし飲み会に参加するなら、飲み会の前に勉強する

ゴールに向けた行動のトリガーをつける

ポイントは、**達成したいゴールに対して必ずトリガーになる条件をつける**こと。これは段取りが崩れそうなとき、第三者の影響でスケジュールにズレが生じそうなときのトラブル対策にも使えます。

「もし15時までに資料づくりが終わっていない場合は、ほかの作業をすべて止めて最優先事項にする」

最強の段取りテクニック「if-thenのプランニング」

❶ 段取りが崩れそうな場面をイメージ

❷ ①の状態になったらどうするかを考えておく

❸ ②で決めた対処法を形にする

「もし客先から対処の難しいクレームが入ったら、いったん深呼吸をする」
「もし段取りに沿って作業を進めているとき、同僚から頼みごとをされたら、5分だけ手伝ってあげる」

私たちは**「いつどんなときにやるのか」が決まっていないと、行動が持続しません**。

その点、「if-thenプランニング」は「もし○○したら……どうしよう……」とものごとを悲観的に予測しがちな「防衛的ペシミスト」の性質とフィットします。

予測される失敗に対して、「もし失敗したら、プランBを実行しよう」という形で善後策を用意できれば、あなたの立てた段取りは容易には崩れないものになっていきます。

テクニック 2

最悪を想定するコーピングイマジナリー

2つ目のテクニックは、**「コーピングイマジナリー」。不安を段取りに生かし、成功率を高めるテクニック**です。

「防衛的ペシミスト」にとって綿密な段取りをつけることがいかにプラスかは、ジュリー・K・ノレム博士の研究でも明らかになっています。研究では、ダーツを使った実験が行われました。

「防衛的ペシミスト」の被験者がダーツを投げる前に「ど真ん中に刺さる！」というポジティブなイメージを持って投げた場合と、「ダーツ盤の外側に刺さるかもしれない！」というネガティブなイメージを持って投げた場合、なんと後者のほうが30％も的中率が上がるという結果が出たのです。それもネガティブなイメージが具体的かつ、詳細であるほうが的中率も増していく傾向が高まりました。

こうした実験結果から博士は、「防衛的ペシミスト」の人たちに「コーピングイマジナリー」という戦略を勧めています。

この**「コーピングイマジナリー」は想定される最悪のケースを想像するというもの**。たとえば、「仕事が納期までに終わらない」「試験の当日、寝坊して起きたら終わっていた」「楽しい旅行のはずが、パスポートを忘れてしまう」など、**ありえないくらいの最悪の状況を思い浮かべることで、そうならないための対策を立てていく**わけです。

詳細なプロセスをつくることで不安感を遠ざける効果もあります。言わば、**最悪のケース専用の「if-thenプランニング」**です。

「防衛的ペシミスト」は、大事な試験や面接の前には詳しくテストや質問内容について考え、途中でトラブルが起きたらどう対処するかまで具体的に想定すると、いい結果が得られるのです。

まさに綿密な段取りをつけることが、「防衛的ペシミスト」にとって最高の戦略となります。

逆に**「戦略的オプティミスト」は事前に考えすぎると成功率が下がる**ため、テストや質問内容から気をそらしてリラックスしたほうがいいとされています。余計なことは考えず、自分が成功するイメージを持ってアドリブで臨んだほうがいい結果になるわけで、ネガティブな私たちからすると心配かつ、うらやましいアプローチ戦略なのです。

最悪のケースを想像しておくことで、安心感が生まれる

向き不向きは仕方ありません。「防衛的ペシミスト」である以上は、綿密に策をねりましょう。というのも、その努力を怠《おこた》ると不安感がマイナスに作用してしまうこともあるからです。

たとえば、「コーピングイマジナリー」で想定した最悪のケースに対して、明確な

対処法を思い描かないと、不安ばかりがふくらみ、身動きが取れなくなります。

プレゼンであれば「スピーチに失敗したらどうしよう……」と漠然とした不安に集中してしまい、肝心の内容が飛んでしまうのです。そんなときは、「データが飛んだときのバックアップはここに」「会場のモニターにうまく出力できない場合の対策は」など、具体的で細かな準備に集中していきましょう。1つ1つの手順に対策を立てるうちに、気持ちが落ちついていきます。

「防衛的ペシミスト」は「セルフハンディキャッピング」の罠《わな》にも注意が必要です。

セルフハンディキャッピングは、テストの前になぜか部屋の掃除に熱中し、勉強時間を減らしてしまったなど、**あらかじめ失敗の言い訳をつくっておく**行動のこと。これも不安をうまく段取りに生かせなかったときの反応です。

「防衛的ペシミスト」は不安を段取りに生かすこと。最悪のケースをなるべく具体的に考え、その対策を数値化、プロセス化することで不安感をプラスに変えることができます。

最悪のケースをイメージして対処法を考える「コーピングイマジナリー」

具体的な事前準備

プレゼンでの失敗ケースと対策

- スピーチの内容を忘れたら

→深呼吸してから要点を書いたメモを見る

- 会場のモニターが故障したら

→事前に配布する資料に重要事項を記入しておく

失敗したときのための対処法を細かく考えておく

不安や恐怖心を受け入れる

こんな実験結果も出ています。

とある試験を、3つのグループに分けて行いました。

1つ目のグループは「勉強してきたことを発揮すれば大丈夫」「絶対にみんなで受かる」とポジティブなイメージを書き出して試験に臨みます。

2つ目のグループは、「落ちたらどうしよう」「勉強しなかったところが試験に出たらどうしよう」と、試験前に感じていた不安を素直に紙に書き出して試験に臨みました。

3つ目のグループは何もせずに試験を受けます。

唯一いい結果を出したのは、試験直前に不安や恐怖心を書き出した2つ目のグループでした。これが「防衛的ペシミスト」の特徴です。

防衛的ペシミストは、不安や恐怖心を言葉にして書き出すことで受け入れ、それを

力に変えることができるのです。逆に、不安や緊張をそのままにしておくと現実から目をそむけるほど高まってしまいます。

ですから、私はそのときどきのネガティブな感情を文字に書き起こし、あらかじめ対策を準備しておくことをおすすめしているのです。文字にすると、脳の前頭葉《ぜんとうよう》が働き、集中力が高まり、ネガティブな感情をコントロールしてくれます。

大部分が「防衛的ペシミスト」に該当する日本人にとって、「コーピングイマジナリー」は大いに役立つテクニックだと言えるでしょう。

テクニック 3

意志の力に頼らない「心理対比」＋「プリコミットメント」

人間が意志の力で誘惑に抗《あらが》える可能性は50%だと言われています。ということは、意志の力だけで段取りをつけられると信じている人は、2回に1回は失敗する可能性があるのです。

3つ目のテクニックは意志の力で戦わない段取りの方法。**「心理対比」と「プリコミットメント」を組み合わせた段取りのテクニック**です。

心理対比とは、「目標を達成した場合のメリット」と「目標の達成をはばむトラブル」を対比させるというもの。具体的には4つのステップに分かれています。

ステップ1

今の自分の目標を達成したら、どんなポジティブなことが起きるかを紙に書き出す。
思いつくままいくつでも書き出していきましょう。
たとえば、目標が「英語を話せるようになる」なら……。

- **外国人とコミュニケーションが取れるようになる**
- **会社での評価がよくなる**
- **海外旅行が楽しくなる**
- **外国人にモテる、かもしれない**
- **海外で仕事ができる**
- **英語コンプレックスが解消される**

ステップ2

ステップ1で挙げたメリットの中から、自分にとって最もポジティブなものを1つ選びます。選び方としては、1つ1つのメリットを頭の中でイメージしてみて、一番気分が上がったものに決めましょう。

その際、選んだ1つのメリットが実現されたとき、どんな自分になっているか。周りの反応はどんなものか。具体的にどんな行動をしたいか。細かくイメージすればするほど、心理対比の効果も上がります。

ステップ3

ステップ1と同じく、今度は「今の自分の目標を達成するために、どんなトラブルが起きるか」を思いつくままに書き出していきます。

- 英語の勉強にあきてしまう
- 仕事が忙しくなって、英会話スクールに通う時間がなくなる
- 中学生以来の英語コンプレックスが響いて、途中で挫折《ざせつ》する
- 経済的に苦しくなって、勉強の費用が捻出できなくなる
- 勉強の初期段階に熱を入れすぎてしまい、燃えつきる

ステップ4

ステップ3で挙げたトラブルの中から、本当に起こりそうなものを1つ選びます。1つ1つのトラブルを具体的にイメージしてみて、一番起こりそうな可能性が高いものを選びましょう。ステップ2と同じく、そのトラブルが起きる状況、そのときの自分の反応、周囲の目など、できるだけ細かくイメージすると効果的です。

これが「心理対比」の4つのステップです。

書き出して、想像するというシンプルな方法がなぜ効果的かと言うと、「やる気」とは関係なく脳に「できるのではないか？」と思い込ませることができるから。脳は想像と現実の区別が苦手なので、目標を達成した状態を細かく思い描くことで実現可能だと錯覚《さっかく》してくれるのです。

とはいえ、ステップ1と2の状態で終えてしまうと、ポジティブな想像に満足して脳は「できた」「やった」と勘違いし、実際の行動が伴わなくなるという副作用が出ます。

そこで、ステップ3と4のトラブルの想定が重要になってくるわけです。

目標達成を妨げるトラブルのイメージを具体的に認識することで、脳は「これらのトラブルを乗り越えれば大きなメリットが得られるのだな」と納得。意志の力とは関係なく、目標を達成するためのロードマップを描き、行動に移ることができるのです。

トラブルは意志の力ではなく、事前対策で乗り越える

「心理対比」の効果をさらに高めるためにステップ5として、さらに「プリコミットメント」を加えます。

ステップ5

行動に移り、実際にトラブルが起きたとき、強い誘惑によって段取りが崩れそうなときのため、あらかじめ対策を打っておく。

- **仕事が忙しくなって、英会話スクールに通えない**

オンラインで早朝などに授業が受けられるようにしておく

・勉強の初期段階に熱を入れすぎてしまい、燃えつきる

←初期段階で一緒に学ぶ仲間をつくっておく

・経済的に苦しくなって、勉強の費用が捻出できなくなる

←SNSを通じて外国人の友人をつくるなど、無料で学べる状態を整えておく

何かトラブルに直面したとき、「なんとかしなくちゃ」「このままじゃいけない」「やる気を出さなくちゃ」と意志の力で乗り越えようとするのではなく、事前に対処方法をつくっておくこと。目標達成を邪魔する誘惑があることを想定し、回避するためのルートを用意しておくこと。

こうした事前対策を心理学では**「プリコミットメント」**と言います。

たとえば、割らないとお金を取り出すことのできない陶器の貯金箱は「貯金を邪魔するむだ遣いという欲求」に対するプリコミットメント。ダイエット中に「どうしてもおやつが食べたくなったときのため、ナッツを買い置きしておく」というのもプリコミットメントとなります。

目標達成までに長期間かかる場合、私たちは必ず何らかのトラブル、強い誘惑にかられ、段取りを乱されます。

そのとき、「やってはいけない」「我慢して乗り越える」というような意志の力で抗える可能性は50％にすぎません。成果を出している人は、意志の力に頼るのではなく、段取りと習慣の力を利用しています。

彼らが意志の力を使うのは、目標を定めるときだけです。

イメージとしては、ロケットの打ち上げと帰還と同じです。アポロ13号を描いた映画などを見るとよく分かりますが、ロケットは月を1周して地球に戻るとき、大気圏外に飛び出す場面でだけエンジンを使います。その後は、慣性で移動し、月の引力に

うまくいかないときの事前対策
「プリコミットメント」

ダイエット中おやつの誘惑に悩まされる

↓

「ナッツ」を買い置きしておく

とらわれて、地球に戻るためにいい角度になったときに再び、少しだけエンジンを使い、軌道を変えます。

意志の力＝エンジンによる推進力と置き換えてください。

段取りをつけるのにも意志の力というエンジンを常時使っていたら、息切れします。

新たな目標を立てるとき、新たな習慣を身につけたいと思ったとき、最初は意志の力を使い、具体的な段取りには「心理対比」＋「プリコミットメント」を駆使することで疲弊《ひへい》することなく、行動に移ることができるのです。

テクニック
4

3つのCで達成イメージを高める

4つ目のテクニックは、**段取り・スケジューリングを細かくイメージする、3つのCを満たすテクニック**です。

1章で「モノサシ」を持ち、段取りをつけていくことの重要性について紹介しました。自分が行う1つ1つの作業に対して、どのくらいの時間と労力が必要なのかを知り、それをモノサシとして予定を立てていくことで、むだがはぶかれ、効率的な段取りやスケジュールとなっていきます。

逆に言えば、モノサシがないまま段取りやスケジュールを立てても必ず現実との間にズレが生じて、うまくいかなくなるのです。

まずは自分のモノサシを持つこと。そして、達成したい目標に合わせて細かく段取りを立てていくことが結果につながります。

幸せに関する研究によると、**人の幸福感は自分の人生をどのくらい自分でコントロールできているかに比例する**ことが分かっています。自分で立てた段取りが役立つものであればあるほど、幸福感も増していくのです。

アイダホ大学が800人の休日を調査した研究があります。

この研究によると、自分で休日の予定をコントロールできていると思う人のほうが幸福度も高く、新しいことにチャレンジしている人のほうが幸福感を覚えていることが分かりました。

一方、休日があっても何のプランも立てず、なんとなく過ごしていると幸福感は低いまま。しかし、同じように家でゴロゴロしていたとしても、「この週末は本気でゴロゴロする」と決め、段取りを整えて臨んだ場合は幸福度が高まるという結果になりました。

自分で決めて段取りした過ごし方ができると、人は幸せを感じるわけです。

加えて、アイダホ大学の研究チームは休日に上昇した幸福度を長期間にわたって持続させる方法も紹介しています。

通常、休日に得た幸福感、健康面のリフレッシュ効果は2週間で消えてしまいます。ところが、**入念に計画を立て段取りをつけた休日を過ごすと、その効果は8週間持続する**ことが分かりました。

充実した休日を過ごすことでモチベーションが上がり、よりよい仕事ができるようになり、きちんと成果を出せるようになっていく。このサイクルが回り始めると、いい休日を過ごすために必要なお金も手に入ります。

2カ月に1回、自分の段取りどおりの休日が取れれば、休暇のリフレッシュ効果が続き、人は幸せに日々を過ごすことができるのです。

休日の段取り一つで、人生の幸福度が増していく

研究者たちは、幸福度が増し、持続する休日の過ごし方には次の3つのCが重要だ

と指摘しています。

Ⓒ＝Challenge（チャレンジ）＝挑戦
Ⓒ＝Controllability（コントローラビリティー）＝自分の思いどおりに過ごすという意味
Ⓒ＝Careful planning（ケアフル プランニング）＝綿密な計画、段取りを立てる

チャレンジと聞くと身構えるかもしれませんが、遠くまで出かける必要はありません。家でつくったことのない料理をしてみるのもチャレンジですし、大掃除や模様替え、海外ドラマのイッキ見もチャレンジです。

ポイントは**あなたにとって新しいことに取り組む**こと。そして、その取り組みを事前に段取りし、邪魔されず実行することです。

その結果、3つのCが満たされると幸福度が増し、幸福感が持続します。これは**想像力を働かせ、計画を立てることが前頭葉を刺激し、立てた計画を実行することが幸福度と密接に関係しているコントローラビリティーを満たす**からです。

とはいえ、ぎっちりと詰め込みすぎた段取りは逆効果になるので注意しましょう。自分で立てた予定を思いどおりにクリアできないと、それがストレスの原因になるからです。

料理の時間を1時間取ったなら、食後には何もしない時間をはさむ。旅先で訪れるスポットの数は現実的な範囲に収め、疲れすぎない配分を心がける。そんなふうに確実に達成できる段取りにしておくと、達成感が得られます。

大切なのは、**自分の思ったとおりのすばらしい1日を過ごすことができたという感覚**。詰め込みすぎて段取りが破綻してしまうのは、計画した時間もむだになり、二重の意味でもったいない休日となります。

そういう意味でも、自分のモノサシを持つことがいい段取りのスタート地点だと言えるでしょう。

今日という1日を自分でコントロールしてみる

休日の段取りで幸福感を高めたら、それを推《お》し進《すす》め、仕事でもコントローラビリティーを発揮できるよう段取りを立てていきましょう。これがうまくいくと、仕事も休日と同じく楽しめるようになります。

一部のビジネスパーソンを除き、ほとんどの人の仕事は周囲の環境に大きな影響を受けます。**突然のミーティングや廊下での立ち話、顧客からのクレームなど、予想外の出来事に対応しているうち、何をしたのかよく分からない１日になってしまう**ことも少なくありません。

そういった日々を繰り返すうち、みずからコントローラビリティーを発揮する努力を「むだだ」と感じるようになり、周囲の環境に合わせて柔軟に向き合うのが正しい働き方だと思うようになります。

現実には**受け身のスケジューリングはあなたにとって大きなストレスとなり、生産**

今日という1日をコントロールするために
毎朝10分ほどその日の予定を考える

AM 7:45 出勤
AM 8:45 就業
AM 8:50 ミーティング
AM 9:00 アポ入れ
・
・
PM 1:00 A社訪問
PM 3:00 B社訪問
・
・
PM 6:00 退社
PM 6:30 会食
・
・
PM10:00 帰宅
PM10:30 読書
PM11:00 就寝

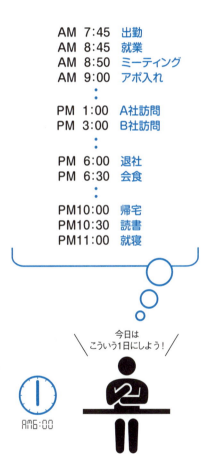

性を下げる原因となっていきます。

少なくとも**「今日という1日を自分でコントロールする」という意識は持ち続けましょう**。そのために、**毎朝10分ほど、その日の予定を考える時間をつくることです**。

会社に着いたら、最初に何から始めるのか。何時をメドにして終わらせるのか。次に取りかかる仕事は何か。最も判断力が高い朝の時間帯に1日の時間を自分でコントロールするための準備をするわけです。

最初のうちは、立てた段取りどおりに仕事が進まず、徒労感を覚えることもあるかもしれません。

しかし、何ごとも始めることが、新しい習慣につながっていきます。細かなスケジューリングのルールは6章でお伝えしますが、逆算して段取りを立てる習慣を身につければ、人生をコントロールする感覚を取り戻すことができます。

テクニック5

行動を細分化するプロセスビジュアライゼーション

段取り上手になるには、自分のモノサシに沿って、無理なく細かい段取りを立てていくことです。「それが理想だ」と分かっていても、なかなか新しいやり方を習慣化できないのが人間というもの。

5つ目のテクニックとして、段取りを習慣化するために役立つ方法**「プロセスビジュアライゼーション」**を紹介します。

ビジュアライゼーションは主にポジティブ系の心理学で使われる言葉で、**ポジティブな結果を想像することで目標達成率が高まる**と解説されています。とはいえ、2章の「MAC の原則」＋「疑問型セルフトーク」のところで述べたように、ポジティブな想像をするだけでよい成果が得られることはありません。

実際にカリフォルニア大学が効果のあるビジュアライゼーションについて、こんな実験結果を発表しています。

研究チームは試験を控えた学生たちに2つのパターンで、ビジュアライゼーションを行ってもらいました。

前者は、試験前にこれから受けるテストの結果をビジュアライゼーションしてもらったグループ。彼らは「受かるだろう」「成功するだろう」とポジティブな結果を想像して試験を受けました。こちらはポジティブ系の心理学でよしとされているビジュアライゼーションの方法です。

後者のグループは、テストを受けるまでのプロセスをビジュアライゼーションしました。

ポジティブな結果を出すには、どんな準備が必要なのか。足を引っぱるのはどんな要素か。

結果は後者のプロセスをビジュアライゼーションしたグループのほうが高得点に。

効果があるのはプロセスを想像するビジュアライゼーション

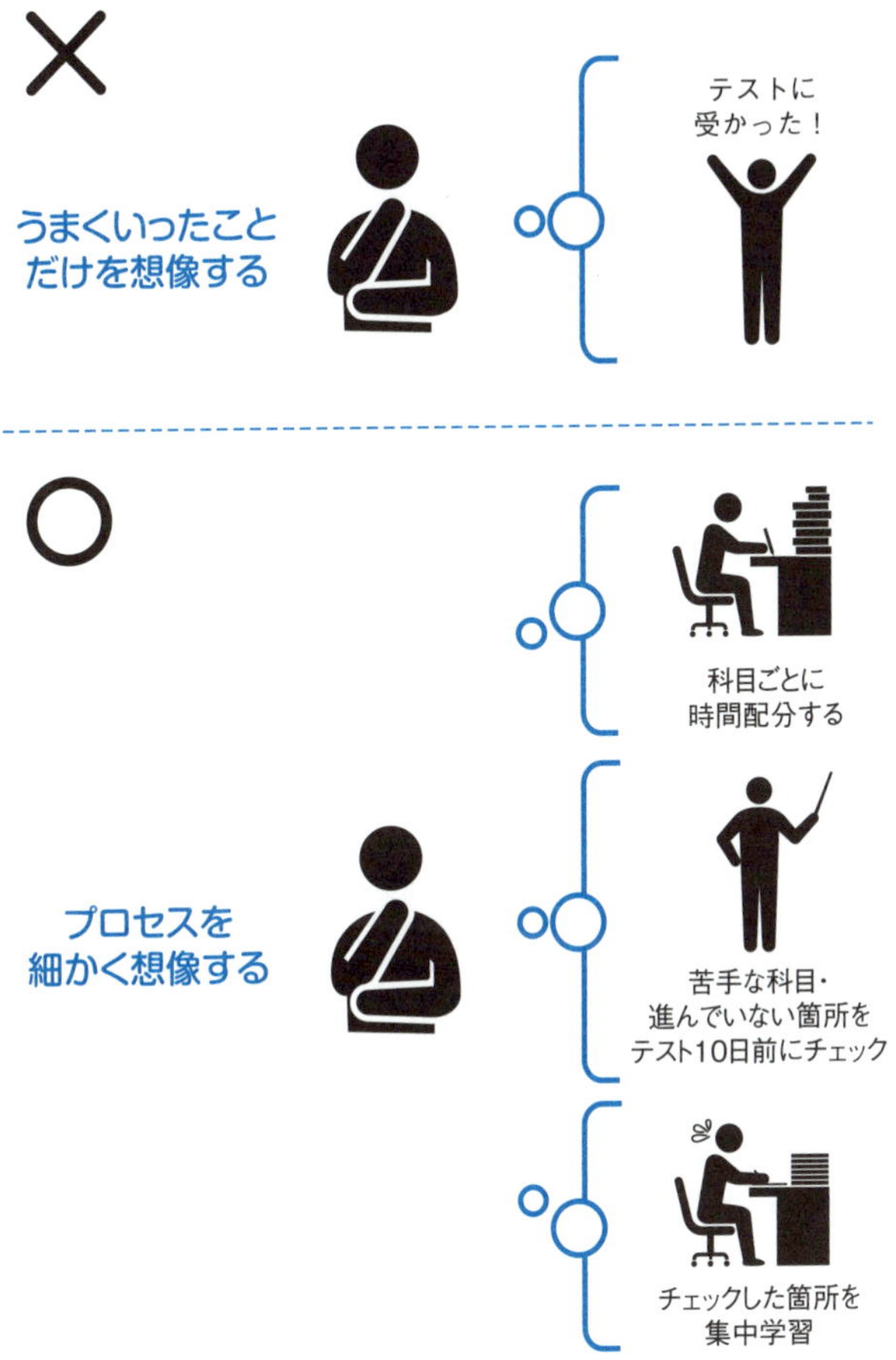
×
うまくいったこと
だけを想像する
テストに
受かった！
○
プロセスを
細かく想像する
科目ごとに
時間配分する
苦手な科目・
進んでいない箇所を
テスト10日前にチェック
チェックした箇所を
集中学習

勉強に対する集中力が高まり、試験への不安感が減ったことで、本番でも十分に力を発揮することができたのです。

逆に前者のグループは、自分が受かった姿を想像したことで満足してしまい、過程に力が入りませんでした。また、試験勉強を段取り、日々の習慣にする前に「落ちたらどうしよう」という不安にフォーカスしてしまい、うまく勉強に集中できなかったことも明らかに。

つまり、**効果のあるビジュアライゼーションとは、プロセスを想像すること**だったのです。

「本を1冊読む」では、段取りとして準備不足

私も1日の段取りを立てるとき、プロセスビジュアライゼーションを使っています。

たとえば、「朝起きてから本を1冊読む」では、結果にフォーカスすることになり

ます。そうではなく、「朝、起きたらまっすぐステッパーのところに行く」「ステッパーを踏みながら本を開く」「25分間ステッパーを踏み続け、読み続ける」「終わるころには、読み終わっている」と書くわけです。

「1冊、本を読む」という書き込みでは、プロセスを想像できないので段取りとして準備不足。「寝起きで眠いから……」といった理由で、読書習慣が根づく前に途切れてしまいます。

同じように、あなたがこれから仕事で必要になり、英会話力をつけたいと思っているとしましょう。その際、「毎日、最低30分は英語の勉強をする」と決め、目標にしました。これではほぼ確実にうまくいきません。

もっとプロセスを細かく想像し、「家に帰ったら、机にまっすぐ行ってバッグを置き、服を着替えて、そのまま席に座り、英語の本を開く」「タイマーをつけて、30分間、英語の勉強をする」、「朝食を食べ終わったらすぐにパソコンの前に座る」「事前に契約しておいたオンライン英会話の授業を30分受ける」といった段取りを予定に組み込みましょう。

自撮り動画で、プロセスビジュアライゼーション

ちなみに、どうしてもうまく過程が想像できないという人は、騙《だま》されたと思ってスマホやケータイのカメラ機能を立ち上げてください。

次に「家に帰ったら、机にまっすぐ行ってバッグを置き、服を着替えて、そのまま席に座り、英語の本を開く」「タイマーをつけて、30分間、英語の勉強をする」、「朝食を食べ終わったらすぐにパソコンの前に座る」「事前に契約しておいたオンライン英会話の授業を30分受ける」を実際に1度やってみて、そのプロセスをすべて自撮りで録画します。

その際、「今、玄関に着きました」「バッグを置きます」「次は着替えます」「今、朝食を食べ終わりました」「パソコン開きます」「今日は◯◯先生と英語でサッカーのチャンピオンズリーグのことを話してみたいと思います」といった感じで実況中継していきましょう。

次の日からは家に帰り着く前、朝起きた後に、その動画を見るわけです。**想像すること、文章にしてプロセスを書き出すのが苦手な人は、自撮り動画でプロセスビジュアライゼーションを行う**ことができます。

自撮りでのプロセスビジュアライゼーションは、「MACの原則」の「A＝Actionable（アクショナブル）行動可能性＝目標（ゴール）を正確に把握し、そこにたどり着くまでのプロセスを明確に書き出せること」を強化するためにも使えます。

いったんプロセスを実行して撮影しているので、目標を設定する際、自分が取り組もうとしていることが本当に現実的に可能かどうかを明確にすることができます。

テクニック 6

挫折を前もって計画するチートデイ

6つ目のテクニックは**「挫折を前もって計画するチートデイ」**です。

「チートデイ」は長期的な段取りで進めていくダイエットや試験勉強、仕事のプロジェクトへのモチベーション維持に役立つテクニックです。

簡単に言えば、**事前に「サボる日」を予定に組み込んでしまう**というもの。張り詰めてがんばり続け、どこかで緊張の糸がプチンと切れ、「どうにでもなれ効果」のような強い反動が出ることを抑えます。

1章で紹介した3つの誤解の1つ「挫折を計画していない」への具体的な対策にもなります。

ポイントは、**その日の朝、「今日はやる気が出ないからチートデイにしよう」と決めるのではなく、事前に「この日はサボる！」と決めて、チートデイをつくっておく**ことです。

これはダイエットに関するポルトガル・カトリック大学の実験ですが、参加者を以下の2つのグループに分けました。

1. 週1回のチートデイをつくったうえでの2週間のカロリー制限
2. 2週間のカロリー制限

すると、**チートデイをつくったグループのほうがダイエットに成功しただけでなく、ダイエット期間中に楽しさを感じ、減量へのモチベーションがより高くなった**のです。

研究者はチートデイがダイエット以外の習慣にも役立つとし、「特定の行為や習慣を抑え続けていると、やがて『どうしても抗えない衝動』が出てしまう。この衝動は自己コントロールの能力を壊し、習慣化を妨げ、結果として以前よりも事態を悪くしてしまう」と指摘しています。

そのうえで、ダイエットにおけるチートデイの実験データが効果的な自己管理のヒントになると提案。チートデイを計画し、段取りに組み込むことで、新たな習慣を身につける邪魔をする「どうしても抗えない衝動」を遠ざけることができるのです。

チートデイとは、「ずる」を予防するための「ずる」の事前準備

別の実験では一方のグループに「チートデイの効能」を伝え、もう一方のグループには伝えずに貯金や運動など、おのおのが立てた新たな習慣の導入にチャレンジさせたところ、前者のほうが高い成功率だったことが分かっています。

これらの実験を通して、**チートデイの目安は2週間に1回のペースで、全体の活動量のうち15%程度がよい**ということも分かってきました。

ダイエットであれば、2週間に1回、チートデイの1日だけはカロリーを気にせず食べていい。貯金であれば、気にせずむだ遣いをしていい。仕事であれば、メールも

サボる日を事前に決めるチートデイ

日課のジョギング

○月○日はジョギングを休む日と決める

思う存分、ゴロゴロする

サボることも予定に組み込む

見ない。パソコンも開かない。

チートデイはみずから課した縛《しば》りから解放される日もしくは、徹底的に休む日にしてしまいましょう。

こうしてあらかじめ、**「挫折を計画しておくこと」**によって**「チートデイまではがんばろう」とモチベーションが保たれ、自分の立てた段取りに従って努力や節制を続けることができる**のです。

失敗や挫折に直面したとき、どういう行動を取るか事前に準備しておくことも役立ちますが、チートデイのような「ずる」も併用するとさらに効果的。段取りのうちの15%はチートデイに当てていいと考えるだけでも、気分が楽になってきます。

テクニック7

プレッシャーを減らす後方プランニング

最後、７つ目のテクニックは**「後方プランニング」**です。

これは段取りを立てるとき、目標から現在にさかのぼって計画をねっていくと達成率が上がるという研究データに基づいたテクニック。目前に迫った出来事に注意を奪われやすいという私たちの弱点によって、立てた段取りが崩れるのを避けることができます。

たとえば、８月に社運をかけたプロジェクトのプレゼン本番や合格必須の資格試験本番があるとしましょう。

通常、あなたは本番に向けてどのように段取りを立てていますか？

今が4月だとして、5月までに下調べを進め、6月までに市場調査を行い、7月中にプレゼン資料を仕上げ……と現在を起点にタスクを振り当てていくのが、「前方プランニング」と呼ばれる方法です。

このように試験勉強の場面を思い浮かべると分かりやすいですが、人は数カ月先の本番に向けて前方プランニングで段取りを立てていくと、どこかで「まだ時間があるからいいや」という気持ちが出てきてしまいます。

また、人には**「現在バイアス」**という偏《かたよ》ったものごとの見方が備わっていて、**目先の出来事が重要に思い、大事なことを後回しにする傾向があります**。

ですから、前方プランニングでタスクを割り振っていっても、直近の仕事、プライベートでの重大事に直面するとそちらを優先してしまい、気づくと全体のスケジュールが遅れていくことになるのです。

最後の仕上げが一番大事なはずなのに、「何カ月か先のことだから……」と目の前の出来事を優先。結果的に、そこで予想外の時間を取られ、タスクが未消化になり、質、量的にも妥協するしかなくなって、段取り後半のモチベーションも低下していきます。

これが**本番直前、試験直前、締め切り直前になって「時間がない！」とあわてる原因**となっていくのです。

一方、**「後方プランニング」は、「8月に本番を成功させるには……」とゴールから逆算して、タスクを割り振っていく方法**です。

7月にはプレゼン資料が整い、模擬プレゼンで過不足をチェックする。そのためには6月末までに市場調査を終わらせる。5月は調査内容を定めるための資料集めに使う。

やるべきタスクそのものは変わらなくても、ゴールから逆算することで「資料が足りなくなるかも」「市場調査で予想外の結果が出るかも」「模擬プレゼンで重大なダメ出しがあるかも」とトラブルを予期したプランを組むことができます。

アイオワ大学が行った研究では、「前方プランニング」よりも「後方プランニング」のほうがゴール達成率を高めることが分かっています。特に**目標達成までのステップが複雑な場合ほど、後方プランニングを使うとモチベーションが上がり、プレッ**

シャーも減っていくという結果が出ています。

これは後方プランニングを行うとき、私たちは自然と「プレゼン本番」「試験本番」など、段取りにおいて最も重要な時期に目を向けるからだと考えられています。**一番の山場で力を発揮するために、余力を残しておかなければならない。だから、前倒しでタスクをこなしていこうという強制力が働くようになる**わけです。

バックアッププランでモチベーションの低下を防ぐ

「後方プランニング」をより効果的にするプラスαの技として、**「バックアッププラン」**も紹介したいと思います。これは私たちのモチベーションの上下動をうまく利用したテクニックです。

基本的にモチベーションは、何か新しいことを始めるときに低く、終わりが近づくと高くなります。簡単に言うと、**どんな段取りもスタート時は腰が重く、ゴールが見えてくると足取りは軽くなっていく**わけです。

ゴールから逆算する後方プランニング

8月○日　A社プレゼンなら……

7月
プレゼンの
予行演習

↓

6月
市場調査

↓

5月
資料集め

**後方プランニングを使うと
モチベーションが上がる**

ですから、「前方プランニング」のように1つずつタスクを決め、これをやってこれをやってこれをやってとゴールに近づいていくという段取りをつけてしまうと、最初の一歩を踏み出すのに時間がかかってしまいます。

なぜなら、ゴールするには1つのルートしかないと思い込み、気が重くなってしまうからです。

そこで、役立つのが「バックアッププラン」。後方プランニングと組み合わせ、「ここまでにこれができていればいい。そのための方法は、AもBもCもある」と果たすべきタスクにたどり着くプランを複数用意することで、重たかった腰を軽くすることができます。

たとえば、東京マラソンまでに体を鍛《きた》えたいという目標を掲げたとしましょう。最終的にはフルマラソンを走り切る体力をつけなければなりません。

そのために毎日30分走ると決めてしまうと、「今日は体がだるくて」「雨が降っている」など、トレーニングの継続を妨げる要素に直面したとき、挫《くじ》けやすくなります。

その代わりに、「1日30分走るないしは、15分の筋トレをする。もしくは、30分のストレッチでも……」と複数のプランを用意しておくと、体を鍛えるという習慣を身につけるまでトレーニングが持続しやすくなるのです。

これが**バックアッププランの効果で、何もやらない日というのがなくなります。**

立ち上がりと習慣化を助けたうえで本番が近づいてきたら、タスクを1つに絞りましょう。すると、集中力が高まり、モチベーションも向上。望んでいた成果が得られる可能性が高くなります。

7つのテクニックを1つでも試す

ここまで3章では事前準備・段取り・スケジューリングを計画倒れにしない7つのテクニックを紹介してきました。この7つすべてを試すのもいいですし、あなたの日常に加えやすいテクニックだけを使ってみるのもいいでしょう。

大切なのは、読んで「へー」と納得して終わりにしないこと。**1つでも、2つでも、試してみるという行動に移していきましょう**。

何ごとも**自分で体験するように心がけることで、人生は変わっていきます**。ここで紹介した7つのテクニックはエビデンスがあり、私も実践してみて効果があると実感したものばかりです。

それが自分に合っているかどうかはあなたにしか分かりません。ほとんどの人は、誰かが「いい」と言ったものを、よく分からないまま「いい」と言っているにすぎません。

読んで「いいな」と思ったテクニックも試さないうちは、本当に「いい」かどうかは分からないままです。**人生の選択に後悔しないためにも、何ごともあなた自身で判断する**ようにしていきましょう。7つのうち、1つでも2つでも自分のものにしてもらえれば、あなたの段取り力は確実に向上していきます。

4章

計画倒れを招く4つの落とし穴と対処法

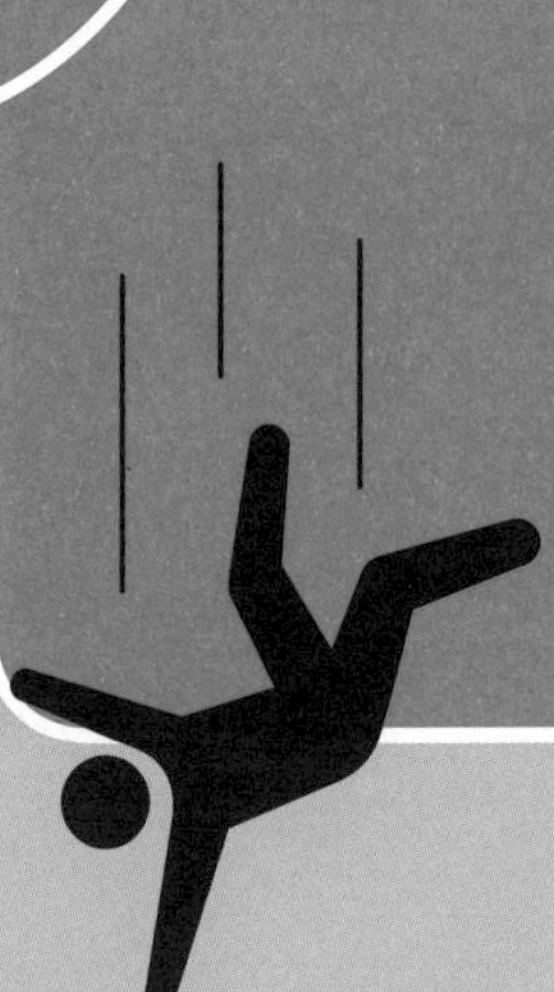

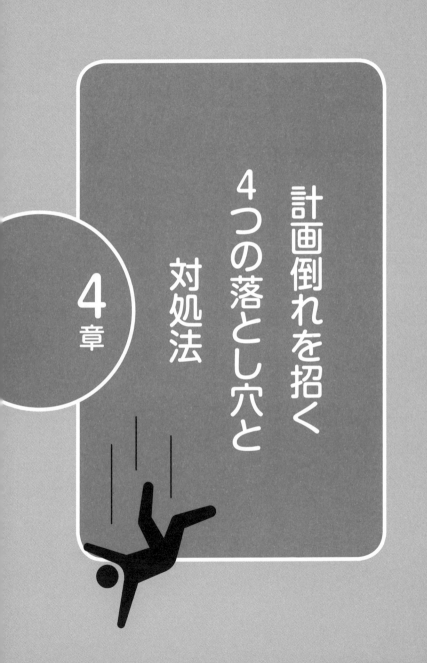

今のやり方の中にまぎれ込んでいる「まずい点」を洗い出す

十分に時間をかけ、起こりうる事態にも備えて立てたはずの計画が、いつも途中で崩れてしまい、バタバタしてしまう。

余裕のあるスケジュールを組んだはずなのに、最終的には時間的な猶予《ゆうよ》がなくなり、質よりも完成することを優先してしまうことに。

事前準備の段階では、ほぼ完璧と自他ともに認めるプランに仕上がっていたつもりが、実際にプロジェクトが動き出してみたら予期せぬ出来事の連続でうまくものごとが運ばなくなってしまった。

このように仕事でも、プライベートでも「完璧だったはずなのに、大失敗に終わった」というほどの強烈な体験ではないものの、「うまくいくはずが、ほどほどでまとまった」「期待されていたほどの結果にならなかった」というレベルの尻すぼみ経験の1つや2つは誰しもあるものです。

なぜ立てた計画がうまくいかないことがあるのでしょうか。

4章では、「4つの落とし穴」として事前準備・段取り・スケジューリングが思ったほどの効果を上げず、尻すぼみとなっていく原因と対処法を紹介していきます。

もし、あなたが先ほど挙げたような悩みを抱えているのなら、1～3章で紹介してきたよりよい段取りを立てるための考え方やテクニックを試す前に、本章で紹介するポイントに沿って「あなたの事前準備・段取り・スケジューリングのやり方」を見直すことをお勧めします。

今のやり方の中にまぎれ込んでいる「まずい点」を洗い出すことで、よりよい事前準備・段取り・スケジューリングを実践できるようになるからです。

もっとも、「ああ、こう対処していたからうまくいかなかったのか」と気づき、自己嫌悪に陥《おちい》ることもあるかもしれません。

しかし、落ち込むのは自分と真剣に向き合っている証拠です。しくじりはバネにして前に進むことができるという意味で、成長の余地だと言えます。

落とし穴
1

目標達成率が10％以下になる方法を採用している

1つ目の落とし穴は**「目標達成率が10％以下になる方法を採用している」**です。

これから簡単なチェックリストにチャレンジしてもらいます。

2010年、心理学者のリチャード・ワイズマン博士が事前準備・段取り・スケジューリングに関連する、こんな研究の成果を発表しました。

彼は何千人もの被験者に「目標を達成するために何をしていますか？」と質問。被験者が「目標達成のためにしている」と答えた事前準備や段取り、スケジューリングが本当に意味のある行為なのかを調べたのです。

ワイズマン博士の疑問は「効率のよい事前準備、本当に効果的な段取りとはどういったものなのか」にありました。

この研究の結果、**効果のある段取りと効果のない段取りでは、目標の達成率が大きく変わってくる**ことが分かったのです。ネジ頭がマイナスのネジをプラスのドライバーで締めようとしてもまったく回らないように、効果のない段取りをいくら立てていっても目標は達成されません。

ですから、あなたがこれまで使ってきた事前準備や段取り、スケジューリングの方法が効果のあるものだったのかどうかを知ることには、大きな意味があります。


ここに書き出した10項目は、多くの人が「目標達成のためにしている」と答えた事前準備・段取り・スケジューリングのテクニックです。あなたが日ごろ、行っている事前準備や段取り、スケジューリングのうち、10項目と重なっているテクニックはいくつあるでしょうか?

完全に当てはまっている、または、似ているテクニックの番号をピックアップしていきましょう。

あなたが目標達成のためにしている
テクニックは次のうち、どれ？

1. step-by-stepで準備をする
2. 似たような目標を達成した人を参考にして計画を立てている
3. 誰かに自分の計画を話しておく
4. 準備どおりにいかなかったら恐ろしい事態になることを想定しておく
5. 準備どおりにいったら良いことになると想像する
6. ネガティブな思考を押さえつける
7. 目標に近づくたびに自分に対してごほうびを設定している
8. 意志の力に頼っている
9. 進展状況を記録する
10. 目標を達成すると人生が変わると想像してみる

結果はどうだったでしょうか。

ワイズマン博士は被験者からアンケートを取った後、1年間にわたって追跡調査。それぞれのテクニックが目標達成率をアップさせるのかどうかを調べました。

すると、半分のテクニックには効果がなく、目標達成率は10％程度にとどまってしまうことが分かったのです。なかなか衝撃的な結果ではないでしょうか。

目標達成に効果のない5つのテクニック

その「効果のない半分のテクニックは？」と言うと、10項目のうち、偶数番号に割り振られているテクニックでした。

2. 似たような目標を達成した人を参考にして計画を立てている
4. 準備どおりにいかなかったら恐ろしい事態になることを想定しておく
6. ネガティブな思考を押さえつける

8. 意志の力に頼っている
10. 目標を達成すると人生が変わると想像してみる

ワイズマン博士の追跡調査によると、この5つのテクニックを使っていた被験者は、禁煙やダイエット、仕事の面接、受験などの目標達成率が10％程度にとどまっていました。

なぜそのような結果になってしまうのでしょうか。その原因を簡単に説明していきます。

効果のないテクニック①似たような目標を達成した人を参考にして計画を立てている

過去に似たような目標を達成した人を参考にするというのは、広く実践されている方法です。

偏差値40から難関校に合格した受験生の体験記。貧しい環境からトップアスリートとなったメダリストの半生記。一代で国際的なビジネスを成功させた起業家の経営哲学書。何度かの失敗を乗り越え、ダイエットに成功したモデル考案のダイエット法。

たしかに、何かを成しとげた人物の考え方、体験してきたことからは学べることが多くあります。

しかし、そうした**成功者の成功法を鵜呑《うの》みにして、まねをしても目標達成率は上がりません**。なぜなら、ゴールを達成した人は自分のやったことの中で、記憶に強く残っているものが有効だったと思い込む傾向があるからです。

客観的に見て効果のないやり方だったとしても、本人はそれが成功を下支えしたと信じ、人々に勧めます。学ぶ側は「成功者の言うことは正しいはずだ」と受け入れて、まねしていきます。

つまり、本当に効果のあったこととそうではなかったことを切り分けていないため、まねをしても願ったほどの効果が出ないのです。

たとえば、業界のレジェンドとなっている辣腕《らつわん》営業マンが「『１日１００件の飛び込み営業を３カ月続けろ！』という指導法で最強の営業チームをつくった」と知り、あなたの上司が同じことを課内の全員に求め始めたらどうでしょうか。

携帯電話もない高度成長期ならば効果のある営業手法だったかもしれません。また、千本ノックのような試練が営業マンを鍛《きた》える効用もあったのでしょう。

それでも、今このやり方を強要されれば、まず間違いなくチームは崩壊していきます。営業目標を達成できるとも思えません。

ところが、信じ込んでしまった上司は手痛いしっぺ返しがあるまで、「成功者の言うことは正しいはずだ」という思い込みにとらわれてしまうのです。


あるいは、「私はこの基礎化粧品を使うようになってから肌の調子がすごくいい」と強く勧めてくる先輩がいたとしましょう。

幸いあなたには科学的知識があり、「先輩の言う基礎化粧品は、有効成分であるバクテリアを皮膚に塗ることによって肌の質がよくなると謳《うた》っているけど、実際には抗菌剤と防腐剤がたっぷり入っている。有効成分であるはずのバクテリアはすべて死んでいて、意味がない」と気づきました。

あなたはこの基礎化粧品のおかげで肌がつるつるになったと信じている先輩に、「それ、意味ないですよ」と言えるでしょうか。

ここで例に出した「上司」や「先輩」などの第三者を客観的に見ると「成功した方

法を鵜呑みにしてはいけない」とすぐに気づくことができます。

ところが、**自分が「これは！」と思った場合、その思いを強化する都合のいい情報だけを集める「確証バイアス」が働き、信じたものがまやかしでも振り回されてしまうのが人間です。**

成功法を説く多くのビジネス書を否定するような話ですが、そこで語られる内容に客観性があるかどうかは入念にチェックしましょう。大成功したAさんが独自に考案し、実践したという成功法は、Aさんにのみ効果的であることがほとんどです。

効果のないテクニック②準備どおりにいかなかったら恐ろしい事態になることを想定しておく

段取りどおりに事が運ばなかった場合、まずいことになる。スケジュールが破綻したら周囲に迷惑がかかる。事前準備が的外れだと恐ろしい事態になるから、慎重に準備を進める……。

いずれも正論ですが、目標達成のために効果的ではありません。というのも、最悪の事態になると想定することと、そうなった場合どうするかの対策を準備しておくことは別だからです。

たとえば、「このままいくと最悪の事態になるぞ！」と発破《はっぱ》をかける上司の狙いは、危機感をあおることでチームを奮起させることにあります。しかし、発破をかけられる側からすると、「最悪の事態になるのは分かっているよ。それを避けるための方法を提示してくれよ」と思って終わります。

人間は自己を正当化するために、いくらでも新しい理由を見つけ出すことができます。

「上司が頼りない」「そもそものスケジューリングに難があった」「段取りに無理があった」など、**恐ろしい事態が近づけば近づくほど、「こうなったのは自分のせいではない」と考えます。**いくら「やばいぞ」「やばいぞ」とあおっても、それで事態が好転していくことはないのです。

必要なのは、3章で紹介した「if-thenプランニング」のように、「もし最悪の事態(if) Xが起きたら、打開のためにプランBを実行Y（then）する」という対策を立てておくことです。

効果のないテクニック③ネガティブな思考を押さえつける

日本人の98％は「防衛的ペシミスト」です。ワイズマン博士の研究はイギリスで行われたもので、被験者に含まれる防衛的ペシミストの割合は日本よりも少なかったと思います。それでも「ネガティブな思考を押さえつけ、『自分はできる』とポジティブな考え方で目標を達成しよう」としてもうまくいかないという結果が出てしまいました。

98％が防衛的ペシミストである日本で、**「なんとなく大丈夫！」で行動の回数だけを増やしていっても、目標達成率は向上しません。**ネガティブな思考は押さえつけるのではなく、すでに紹介した「コーピングイマジナリー」を使って顕在化させ、不安を遠ざける戦略を取りましょう。

効果のないテクニック④意志の力に頼っている

「意志の力に頼る」がなぜ効果的ではないのかについては、すでにあなたもご存じだと思います。

3章で紹介した段取りのテクニック「心理対比」と「プリコミットメント」で解説

したように、人が意志の力で誘惑に抗《あらが》える確率は50％にすぎないのです。

いくら「自分ならできる」「論理的に考えて期日までにやれないはずがない」「サボってはいけない」「我慢して乗り越える」など、**意志の力で自分を奮い立たせても、本人が期待するほどの効果はありません**。

意志の力ではなく、段取りと習慣によってゴールへと近づくことが目標達成率を高める手堅い方法だと言えるでしょう。

効果のないテクニック⑤目標を達成すると人生が変わると想像してみる

「ダイエットに成功したら、人生ががらりと変わる」「この資格を取ったら、安定した生活を送ることができる」「今は苦しいけど、このプロジェクトを乗り切ったら、一皮むけた自分になっている」など、目標を達成することで人生が変わると想像するのは楽しいものです。

その瞬間はモチベーションが上がる感覚も得られることでしょう。しかし、2章の「MACの原則」＋「疑問型セルフトーク」や3章の「プロセスビジュアライゼーション」のところで述べたように、ポジティブな想像をするだけでよい成果が得られることはありません。

なぜなら、私たちの**脳は大成功したイメージを思い描くと、それだけで一定の満足感を得てしまう**からです。

主人公が破天荒《はてんこう》なやり方でのし上がっていくドラマを見ているとワクワクします。ストレスの解消になる面はあるでしょう。けれども、見終わったことであなたの人生に大きな変化があるかと言えば、ドラマはあくまでもドラマであって日常は変わりません。

ポジティブな想像、それも「人生が好転する！」というレベルの夢想はドラマを見てワクワクするようなものです。過激なダイエット法で短期間に劇的に痩せたとしても、ほとんどの場合、リバウンドがあります。

本気で人生を変えたいならコツコツと段取りを立てて、よい習慣を続けていくしかありません。一夜で人生が変わるような魔法を追いかけても、時間をむだに失うだけです。

目標達成には効果のあるテクニックと
効果のないテクニックがある

×

- 似たような目標を達成した人を参考にして計画を立てる
- 準備どおりにいかなかったら恐ろしい事態になると想定する
- ネガティブな思考を押さえつける
- 意志の力に頼る
- 目標を達成すると人生が変わると想像する

○

- step-by-stepで準備をする
- 誰かに自分の計画を話しておく
- 準備どおりにいったら良いことになると想像する
- 目標に近づくたびに自分にごほうびを設定する
- 進展状況を記録する

以上が、実行しても目標達成率が10％程度にとどまってしまう、効果のない5つのテクニックでした。

多くの人がやりがちな失敗でもあります。あなたはどうか、ぜひチェックしてみてください。

落とし穴
2

順調に進んでいるという錯覚にはまる

2つ目の落とし穴は**「順調に進んでいるという錯覚にはまる」**です。

一般的に**目標は人に話すことで、達成しやすくなる**と考えられています。実際に「落とし穴①」で紹介した10のリストの3番目にも「誰かに自分の計画を話しておく」とあり、さまざまな心理学の研究でも目標達成に一定の効果があると認める結果が出ています。

なぜ効果があるかと言うと、話した手前、実行せずにいると「いいかげん」で「当てにならない」「口ばっかりのヤツだ」と思われてしまうリスクが生じるから。**目標に対する行動を起こさないことへの監視の目がプレッシャーとなり、目標達成率が上**

がっていくわけです。

こうした心理が働くためには、ある条件を満たす必要があります。それは**計画を打ち明ける相手があなたにとって「仲のよい人」で「信用できる人」であり、「あなたが間違ったことをしたときに注意してくれる人」や「あなたにとって何が重要かという意見を持っている人」**であることです。

たまたまカフェやバーで隣に座った人に夢を語ったり、セミナーなどで同じグループになり、アイスブレイクがてらのグループトークで今年の目標を話したりしても、効果は出ません。

なぜなら、「はじめまして」と挨拶をして、その場を離れたら再会する可能性の低い人からのあなたへの評価は気にならず、何のプレッシャーも受けないからです。

「こうなったらいいよね」「絶対に実現させようと思っている」など、あなたがこれから達成しようとする目標を打ち明けたとき、きっと目の前の人は「すごいね」と共感し、「がんばってくださいね」と祝福してくれるはずです。

そんな相手の反応を見るのは気分がよく、あなたは自分がすでに目標の達成に向けて近づき始めたような気分になっていきます。

実は、ここに2つ目の落とし穴があります。

目標に向けた周到な事前準備、すばらしい段取り、実行のためのスケジュールなどを周囲の人に語ること、チーム内で共有することで、逆効果になってしまうことがあるのです。

人は誰かに目標を話したことによって「順調だ」と錯覚してしまう

たとえば、あなたは仕事やプライベートで、こんな経験をしたことはないでしょうか?

・学生時代、グループで自由研究を行って、発表する授業で、研究の計画は立てたもののギリギリまで実行されず、発表前になってあなた1人があくせくがんばるはめになってしまった。

・社内で他の部署の同僚と横断的なチームを組み、新事業を提案するコンペに参加。

あなたは率先してリーダーシップを取り、コンペまでの段取りを立て、チーム内で共有したはずが、ほとんどのメンバーが思ったように動いてくれなかった。

・共通の趣味を通じて知り合い、新たに同好会をつくることになったものの、3回目の集まりくらいで熱意は薄れ、同好会は自然消滅してしまった。

いずれも「目標を話し、シェアしたことで『順調に進んでいる』という錯覚《さっかく》」にはまってしまったケースです。

2010年、ニューヨーク大学の心理学者ピーター・ゴルウィツァーがこんな研究成果を発表しています。

ゴルウィツァーら研究チームは、163人の被験者を2つのグループに分けました。被験者の半数は、自分の目標を紙に書き、みんなの前で発表し、残りの半数は紙に目標を書いたものの口外はしません。その後、45分間、目標に向かう活動（資格試験の勉強、事業計画の作成など）を行ってもらいました。すると、こんな結果に。

「目標を言わずにいた人たち」は、45分間すべてを使い切りました。
「目標を人に話した人たち」は、平均33分で活動を切り上げました。

目標を人に話したグループは活動後の聞き取り調査で、「目標に近づけて満足した」と答える比率が高いことも分かりました。目標に向けての活動量は減ったのに、満足度は高まっていったのです。

どんな目標でも、その実現のために必要な事前準備、実行されるべき段取り、守られるべきスケジュールがあります。本来であれば、事前準備が生かされて、段取りどおりに事が進み、スケジュールが守られ、目標が達成されたとき、満足感を覚えるはずです。ところが残念なことに、私たちは**目標を人に話し、それを認めてもらうことで、あたかも実現したような錯覚に陥る**のです。

実現に向かっているという錯覚から目覚めるための3つの方法

この錯覚を避けるためには、3つの選択肢があります。

1つは目標を一切、口外しないこと。

もう1つは、打ち明ける相手を限定することです。とはいえ、**一切、口外しないま**

までは協力してくれる第三者も増えていきません。特に人生における大きな目標や夢に関しては、後者の選択をお勧めします。

あなたにとって「信用できる人」で、「あなたが間違ったことをしたときに注意してくれる人」や「あなたにとって何が重要かという意見を持っている人」に打ち明けることで、ほどよいプレッシャーを目標達成のための原動力として生かしていきましょう。

3つ目の選択肢は、綿密なプランを立て、目標に合わせて公表すること。これは打ち明ける相手が限定できないときに有効です。実際に日常生活では先ほど例に出したような局面に出くわすことが多々あります。さほど関係性の深い人ではないメンバーで何をか成しとげたいときは、3章で紹介した「プロセスビジュアライゼーション」や「計画は逆向きに、後方プランニング」を意識しましょう。

綿密な事前準備を行い、段取りを細分化。後方プランニングでスケジュールを組み、個々のメンバーが取り組むべき作業を明確にしていきます。すると、メンバー同士で目標を話し合うことによって生じる「うまくいっているはず」という錯覚を遠ざけることができます。

目標を話す相手を選ぶ

順調だと錯覚してしまう

話したことでプレッシャーが高まり
目標達成率が上がる

落とし穴
3

ゴールを間違えている

3つ目の落とし穴は、「ゴールの設定ミス」です。

目標を達成するには、ゴールの設定が不可欠です。

あなたがいくらジョギングを趣味にしていても、ゴールの決まっていないマラソン大会に出場したいとは思わないでしょう。あるいは、どんなに優秀なビジネスパーソンでも達成すべきゴールが定まっていなければ、能力を生かすことはできないはずです。

目標の達成には、ゴールは不可欠。事前準備をするにも、段取りを立てるのにも、スケジュールを組むにも、ゴールは必要です。それなのに、**肝心のゴールの設定の仕**

方によっては、事前準備もむだになり段取りが崩れ、スケジュールがうまく進行しないことになるのです。

必要不可欠なのに、下手に扱うと台無しになってしまう。この何やら複雑な問題に明確な答えを出したのが、ハーバードビジネススクールの研究チームです。

彼らは2009年に、先行するいくつもの「事前の目標設定」に関する研究を比較検証し、ものごとがうまく運ばなくなるゴールの設定には3つのパターンがあることを明らかにしました。

1．明確なゴールを設定しすぎる

ゴールとなる条件、数値、日時などを詳しく決めることは目標達成のために必要不可欠ですが、**あまりにも詳細なゴールを設定するとモチベーションが低下します**。

これはゴールの条件、数値、日時が厳密すぎるために、状況の変化に対応できなくなるためです。また、**詳細すぎる段取り、スケジューリングは自分でものごとを考えなくさせるため、状況や環境が変わったときの対応が遅れます**。

「やってみたらちょっと違う」「もっと別の方法がいいかもしれない」と感じても、最初の計画をかたくなに守ろうとしてしまい、お役所仕事的な対応になってしまうわけです。

「どうしてその目標を達成したいのか」よりも、「ゴールすること」を優先してしまうと、そのゴールが明確に定めてあればあるほど、縛《しば》られてしまいます。**いつでもプランB、プランCに乗り換えられる、そんな柔軟さが必要**です。

2．複数のゴールを設定しすぎる

多くの研究では、**複数のゴールを設定すると、人は難易度の低い目標にしか取り組まなくなる**ことが分かっています。**最適なゴールの数は状況によって異なりますが、できるだけ少ないほうが目標達成には好ましい**と言えるでしょう。

これは1章で紹介した「ToDoリスト」の問題点とも共通しています。あれもやる、これもやると書き出し、複数のゴールを設定した結果、手軽にできるものから始めて達成することで、難易度の高いものには挑まなくなっていくのです。

正しいゴールを設定する

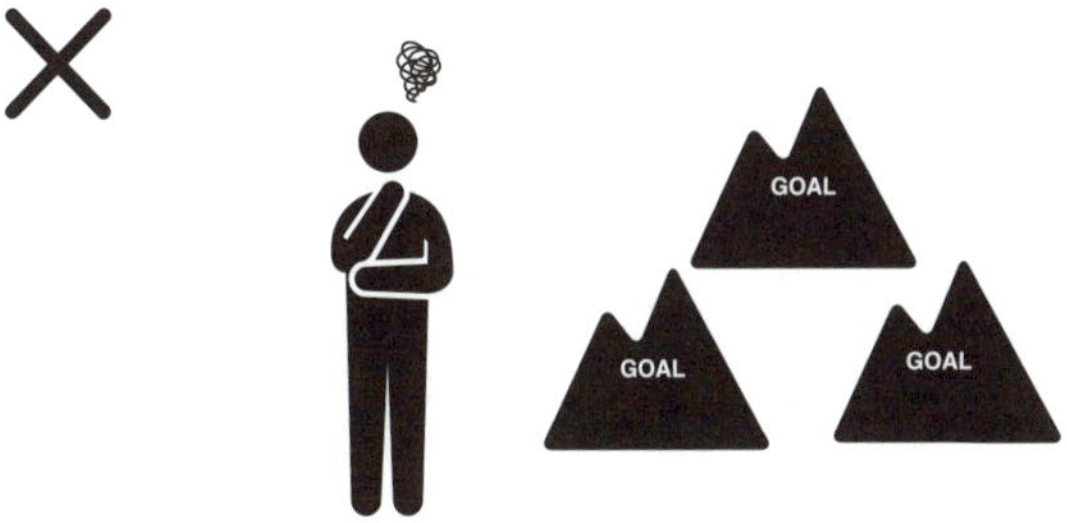

ゴールがたくさんありすぎる

適切なゴールをつくる

3. 短期的なゴールを設定し、満足するショート・ターミズム

ショート・ターミズムとは、いったん決めた短期的なゴールを達成すると、後は何もしなくていいと思ってしまう現象のこと。複数のゴールを設定することのデメリットともつながってきますが、難易度の低い短期的な目標をクリアすると、「OK！OK！」となってしまい、次の行動を起こさないようになってしまうのです。

こうしたショート・ターミズムの例としてよく説明に使われるのが、「雨の日のタクシードライバー」というエピソードです。

雨の日は乗客が増えるため、タクシードライバーは晴れの日よりも簡単に1日の売り上げノルマを達成しやすくなります。仮に1日の売り上げノルマが2万円だとすると、月に25日稼働するとして50万円稼ぐのがゴールとなります。

ところが、1日2万円の短期目標をゴールにしたタクシードライバーは、「今日は雨で早めに稼げたから、後はサボっていよう」と休憩し始めてしまうわけです。結果、乗客は雨の日ほどタクシーを捕まえられなくなります。

ショート・ターミズムを回避するには、長期的なゴールを確認するのが有効です。

タクシードライバーの例で言うなら、「今日の分のノルマは達成したけど、雨だからまだまだ稼げそう。5万円までがんばってみようか」と考えてみることです。

長期的なプロジェクトや1年に1回の試験に向けた勉強などに向き合っている人は、段取りとして毎日のノルマを決めていることが多いはずです。そのノルマが長期的な目標を達成するのに適した量かどうかを確認するとともに、「今日は十分にがんばったから、切り上げよう」と思う回数が多くないかもチェックしましょう。

もし、**「十分やった」と思う回数が1週間のうちに2回、3回となるのなら、あなたはショート・ターミズム現象に陥っている可能性**があります。

落とし穴
4

いったんつまずくと、自暴自棄になってしまう

最後の落とし穴は、**「どうにでもなれ効果（The What-The-Hell Effect）」**です。

「どうにでもなれ効果」は、いったん段取りやスケジュールが崩れると、自暴自棄《じぼうじき》になってしまう心理状態を指しています。

たとえば、「ダイエット中だからケーキは食べない」と決めたのに、ランチの後に先輩がケーキを注文してくれて、断れずに食べてしまった。今日はもう台無しだからいいやと夜の飲み会でビールを飲み、唐揚げを食べ、ラーメンで締めて帰ってきた……

というような現象です。

こうした「どうにでもなれ効果」には、発動しやすい状況があります。それは、「目標が短期的なものであること」「失敗を許容する状況ができていること」「目標が『○○をやめる』など、禁欲的であること」です。

たとえば、「今月はむだ遣いをしない」と決めたとしましょう。ところが、コンビニでガムを買って財布の中の壱万円札が9枚の千円札と小銭になってしまいました。すると、壱万円札1枚だったときよりもむだ遣いをしやすくなってしまうのです。

あるいは、地域全体で「ポイ捨てをやめよう」という目標を立てていても、花見の季節など、地域の外からやってきた人たちがゴミを放置していくと、地域住民もポイ捨てしやすくなってしまいます。

また、**1つの場面で「どうにでもなれ効果」を起こすと、その人は別のシチュエーションでも「どうにでもなれ効果」を起こしやすい**ことも分かっています。ダイエット中にケーキを爆食いしてしまった人は、むだ遣いをしないという目標も破りやすく、ポイ捨て禁止も守れない可能性が高いということです。

「どうにでもなれ効果」に立ち向かうための3つの方法

この「どうにでもなれ効果」を避けるための方法が3つあります。

1つ目は**長期的な目標を立てる**こと。

「今月、5万円貯める」よりも「1年間で60万円貯める」、「3カ月で10キロ痩せる」よりも「1年後に10キロ痩せて、健康的な身体にする」といったように、ショート・ターミズムを回避する方法と同じく、長期的な目標を意識すると「どうにでもなれ」と思いにくくすることができます。

ポイントは、今日やったことが明日に続き、継続が目標達成につながると納得することです。それが、**目の前の行動を引き締める一番いい方法**となります。

2つ目の方法は、**「やめる」目標を「やる」目標に変える**ことです。

「今月はむだな出費をしない」ではなく「今月はむだな出費をしない日を増やす」

できることをカウントして自己肯定感を高める

ダイエット中おやつの誘惑に悩まされる　ケーキを食べる　自己嫌悪に陥る

ダイエット中おやつの誘惑に悩まされる　ナッツを食べる　節制できたことをカウントする

「ダイエット中だからケーキは食べない」ではなく、「ダイエット中だからケーキを食べたくなったら、ナッツを食べる」といった形で、目標を置き換えていきましょう。

3つ目は、**「どうにでもなれ効果」が起きてしまい、失敗した状態から立ち直れた回数をカウントしていく方法**です。

たとえば、「むだな出費をせず、1年間で60万円貯金をする」という目標があったのに、買い物に行ったらセールになっていた靴に目がいき、衝動買い。そのまま買い物欲がムクムクと目覚め、「どうにでもなれ効果」が発動し、服やバッグなどをカードで買いまくってしまった……。

こうした場面で、翌日になって「昨日はむだな出費をしてしまった」と落ち込むくらいなら、その日を堅実に過ごし、「今日は節約できた」と「目標達成に近づけた日」をカウントしていきましょう。

貯金の例で言えば、散財してしまった日よりもむだな出費をせずに過ごせた日のほうが多くなるはずなので、1回の失敗で「もう今月はいいや」となる確率を大きく下げることができます。

「今日はカロリーをセーブしながら1日を終えられた」「今日はサボらずに仕事に向き合えた」など、失敗をリカバリーできた日を数える方法は、ダイエット中にも、仕事中にも使えます。

実際に研究者の間でも、**失敗した状態から立ち直れた回数をカウントしていく方法が最も「どうにでもなれ効果」を遠ざける効果が高い**とされています。

できることに目を向けて自己肯定感を高める

「どうにでもなれ効果」は失敗に起因して発動しますが、失敗から立ち直った自分を自覚することで「もう1回失敗してしまおう」という衝動にブレーキがかかるのです。

また、できた日をカウントすることで自己肯定感が高まる効果も期待できます。

長期目標を意識する
やめる目標をやる目標に変える
どうにでもなれ状態から立ち直れた回数をカウントする

「どうにでもなれ効果」は誰もが一度は陥る罠《わな》だけに、ここで紹介した対処法を確実に自分のものにしておきましょう。

5章

計画実行にまつわる悩み対策Q&A

チームの計画倒れを段取りで防ぐ

あなたは今、「段取りをよくしたい」と切実に願っていることがありますか？

5章では、これまで紹介した事前準備・段取り・スケジューリングの質を向上させるさまざまなテクニックをベースに、多くのビジネスパーソンが抱えている悩みに答えていきます。

時間配分がうまくいかず、段取りがなし崩しになっていってしまう悩み。完璧を追求するあまり、いつまで立ってもスケジュールが決まらないという悩み。仕事に、プライベートに忙しく、立てた段取りの一部を実行せずに忘れてしまうという悩み。むだな会議に邪魔されて、仕事が段取りどおりに進まないという悩み。

あらゆる局面で準備と段取りと実行を繰り返すことになるのが、私たちの人生です。

ところが、立てた段取り・スケジュールがスムーズに運ぶかどうかは本人の努力や準備だけで決まるわけではありません。ときには上司が「よかれと思って」あなたの立てた段取りを壊すようなアクションを見せることもあります。

多くのメンバーが関わり、チームで作業を進めることが多いからこそ、仕事面での段取りにまつわる悩みは多岐にわたります。そこで、ここではより具体的にQ&A方式で仕事の段取りについて、すぐに役立つ方法を紹介していきます。

ベースとなるのは、「MACの原則」をはじめ、ここまで解説してきた事前準備、段取り、スケジューリングのテクニックです。こんなシチュエーションには、このテクニックが有効という形でお勧めの対処法についても併記していきます。

ぜひ、明日からの仕事に生かしてください。

Q&A 1

時間配分がうまくいかない人の原因とその対策

Q 社会人3年目です。仕事でも、プライベートでも自分の計画性のなさに困っています。あらかじめ間に合うようにスケジュールを立て、段取りどおりにやっているつもりが、気づくとギリギリ。ときには、何をやっても間に合わない状態になり、上司や同僚、家族に助けてもらっています。

なぜ時間配分に失敗してしまうのでしょうか。私は、根本的に段取りの能力に欠けているのでしょうか？

A あなたは1日に何回パンツをはき替えていますか？　きっと1回だけですよね。

1章で紹介した「計画錯誤《けいかくさくご》」について思い出してみてください。人は時間配分について、「自分はもっとできる」と勘違いしてしまう性質があります。これは何度か失敗したからといって自然に直るものではありません。

基本的に**人は、自分に対して甘くなってしまう**のです。それは生き物として当然だと言えます。自分に希望を持たないと生きていくことができませんからね。

とはいえ、何度も繰り返し「何をやっても間に合わない状態」になっているようであれば、改善が必要です。

そのためには、まず「何をやっても間に合わない状態」がどうやって引き起こされているのか。そのメカニズムを知ることが重要です。

認知症のように前頭葉《ぜんとうよう》の機能がいちじるしく低下する病気であれば別ですが、根本的に段取りの能力を欠いている人というのは、いません。

たとえば、相談者の方も、この本を読んでいるあなたも、大人になってから1日に何回もトイレに間に合わず、パンツを替えまくった経験はないはずです。尿意を感じたら、トイレに行く。子供の頃のパンツトレーニング以来の習慣化によって、誰もが当たり前に繰り返している日常の段取りです。

仕事や家事に関しても多くの作業は習慣化されています。従って、ほとんどの作業は強く意識せずとも、決められた締め切りまでに作業を間に合わせることができるのです。

ところが、初めて挑戦することや苦手なこと、もともとのスケジューリングに無理があった作業などでは、「何をやっても間に合わない状態」に陥《おちい》り、失敗してしまうことがあります。すると、その経験は強く本人の記憶に刻まれ、次に似たような作業に向き合うとき、「また間に合わないかもしれない」という不安に襲われるのです。

そのとき、私たちの心では心理学で言う**「汎化《はんか》」**という働きが起こります。**レアケースであるはずの失敗した経験を「いつでも起きること」と拡大解釈＝汎化。そのうえで、自尊心を守るために「何をやっても間に合わない」と自分に言い聞かせるようになる**のです。

ですから、「何をやっても間に合わない」と言い聞かせ、みずから思考停止状態になっていることが、「なぜ時間配分に失敗してしまうのでしょうか？」という疑問の答えとなります。では、どう対策を立てていけばいいのでしょうか。

「汎化」を防ぎ、時間配分を成功させる3つの対処法

本来は、「気づくとギリギリ」になる前に、その状況を招いた原因を探る必要があります。タスクが多すぎるからなのか。時間の見積もりが甘かったからなのか。そのうえで、「ここから間に合わせるにはどうしたらいいいか？」と段取りを立て直す必要があります。

つまり、**「汎化」が起き、時間配分について思考停止になる前に手を打つ**ことが重要です。そこで、すぐに役立つ3つの対処法を紹介しましょう。

1．人に聞いてみる

ギリギリになって相談するのではなく、段取りやスケジュールを立てた段階で上司や先輩、同僚、家族など、信頼できる第三者に意見を聞きましょう。「計画錯誤」の紹介でも触れましたが、人は自分の作業時間は甘く見積もりがちですが、他の人の能

力を見積もることは得意です。

すべてのアドバイスを採用する必要はありませんが、「スケジュール的に問題はなさそうか」「私が作業するうえで、段取りに無理はないか」といった**時間配分については第三者の声に耳を傾ける**ことで状況を改善することができます。

2．人のことだと思って想像してみる

これは2章で紹介した「疑問型セルフトーク」です。自分で立てた段取りやスケジュールを同僚のAさんが実行すると仮定して、**「本当に大丈夫か？」と疑問型セルフトークを行っていきましょう**。

「汎化」が起きる前に問題点に気づくことができるはずです。

3．自分でこれくらいと思った数字を倍にして予定する

これは身近に相談する相手がいない場合や疑問型セルフトークに自信がない場合の代替案です。とにかく**自分が設定したスケジュール、段取りにかかる時間を倍の数字にして見積もっていきます**。

「計画錯誤」が起きるものとして、事前に余裕を持った段取り、スケジュールにしておくわけです。もしもダメだったときに修正する時間が残るようなスケジューリングです。

最大の問題は、自分の中で「これでいいのか？」「ダメじゃないか？」と行きつ戻りつして、「もう間に合わない！」と修正の時間がなくなること。時間だけは巻き戻せませんから、あらかじめ余裕を持つことです。ただし、締め切りまでの時間がタイトな場合、この方法は使えないので注意してください。

「汎化」により「何をやっても間に合わない」と言い聞かせてみずから思考停止になってしまう状態を克服するには、うまくいった経験を積み重ねていくのが一番です。この3つの対策を使って、「段取りどおりにできた」という体験を増やしていきましょう。

Q&A 2

段取りを組むのに時間がかかる人の原因とその対策

Q

バックオフィスで営業チームをサポートする仕事をしています。日ごろから、できるだけスムーズな段取り、もれのないスケジュールにしようという意識が働き、段取りを組むのに時間がかかります。ときには途中で準備が間に合わず、行き当たりばったりで動き始めてしまうこともあります。

計画を立てる前に計画倒れになってしまうというか……。完璧を追い求めてうまく段取りが組めないことに悩んでいます。

A

とりあえず形にしましょう。完璧にするのはその後で十分です。

完璧にできるはずだという思い込みは、逃げ道にもなります。

時間をかければ……もっとよくなるのに。

設備が整えば……できるはずなのに。

もっと集中できる環境があれば……質が高くなるのに。

上司に邪魔されなければ……思ったとおりにできるのに。

こうした発想は、「完璧にできない仕事はやらないほうがいい」というところに行き着きます。すると、人は行動を起こさなくなるのです。

しかし、目標の達成のためには行動しなければなりません。それを分かっている人たちは、完璧を目指す前に動き出します。

たとえば、**「完璧を目指すより、まず終わらせろ。Done is better than perfect.」**という言葉があります。

これはFacebookの創業者で会長のマーク・ザッカーバーグが社内の壁に貼り出し、徹底している考え方です。まずは6割、7割のレベルでいいから形にすること。そして、完璧にしていくのはその後でいい、と。

多くの成功者が同じ発想をしていて、似た名言はいくつもあります。

シリコンバレーで有名なのは、1章でも紹介した「Fail fast」（はやく失敗せよ）。たくさんの手探りと失敗を重ねてこそ本物になることができ、成功するという考え方です。

また、フランクリン・ルーズベルトはこんなふうに言っています。

「あることを真剣に3時間考えて、自分の結論が正しいと思ったら、3年かけて考えてみたところでその結論は変わらないだろう」

変わったところでは、哲学者のニーチェも。

「ものごとを完成させるには、才能や技量よりも時間による成熟を信じながら絶えず進んでいくという気質が、決定的な役割を果たす」

ゲーム化でトライ&エラーを重ねていく

完璧を追い求めてしまう人は、「段取りを立てること」と「段取りどおりにものごとを進め、目標を達成すること」を分けて考えてみてください。段取りやスケジューリングは6割、7割の綿密さで、柔軟性を持たせながら、行動したことによって起きた出来事に合わせて調整していきましょう。

3章で紹介した「if-thenプランニング」と「コーピングイマジナリー」を役立ててください。

また**「ゲーム化」**という手法も有効です。

「今日は何時までに帰る。だから、この段取りで進めていく」と決めて、実際にトライしてみます。そのとき作業にかかった時間を記録し、タイムトライアルの形でゲーム化。たとえば、前回は会議用の資料を作成するのに13分43秒かかったから、今日はそのタイムを破ってやろう、と。

完璧にものごとをこなしたいと考える生真面目な人ほど、ゲーム化によって切迫感や緊張感を遠ざけ、楽しくトライ&エラーを重ねていくことができます。

Q&A
3
長期目標を立てられない人の原因とその対策

Q

やるべきことがはっきりしている1、2週間先までの段取りを立てることはできるのですが、1年先、5年先という期間になると、何をどう優先させていけばいいのか分からなくなります。

長期的、中期的な目標をかなえるにはどういうふうに考え、段取りを立てていったらいいのでしょうか?

A

長期、中期の段取りを決めるときは、人生の目標と照らし合わせましょう。

先に正解から伝えてしまいます。

段取りやスケジュールの立て方は、長期、中期、短期で変えるべきです。具体的には次の3つが基本になります。

・長期的（3～5年）な段取りは、価値観で立てればいい。
・中期的（1年以内）な段取りは、修正可能なことを念頭において立てればいい。
・短期的（2週間以内）な段取りは、タスクの見積もりを間違わないように立てればいい。

短期より、中期、長期の段取りのほうが難しいのには理由があります。私たちには**将来に向けては意思決定がゆるくなる「双曲割引《そうきょくわりびき》」という性質がある**からです。

「双曲割引」は行動経済学の世界で使われている言葉で、簡単に言うと、人が「近い将来の価値を大きく、遠い将来の価値を小さく感じる」傾向のこと。

長期的で重要なプロジェクトに関わっていても、手近なところで収益の上がりそうなイベントがあると、そちらに目がいってしまったり、体質改善のための長期的なダイエットの計画を立てていても、目の前のチャーシューメンの誘惑に負けてしまったり……。**人は遠い将来の成果よりも、今、目の前にある欲望に負けてしまいがち**です。

これは長期的な段取り・スケジューリングにも当然、影響してきます。

たとえば、フリーランスで活動している人が5年先のキャリアを見越して新たなスキルを身につける準備の段取りを立てようとしていたとしましょう。

1年間の留学なども検討しているところ、半年後にとても魅力的な仕事のオファーが舞い込みました。これが2週間後であれば、「今、抱えている仕事を引き継ぐ時間も必要なので難しい」と判断することもできますが、半年後となると「まだ時間があるから、やりくりすれば大丈夫だろう」と考えてしまうのです。

この罠《わな》から逃れるためには「双曲割引」という心の動きがあることを知り、自分の行動が短絡的になっていないか確認する習慣をつけること。**長期的な視点から、自分にとって何が大切かを再確認していくことが重要**です。

長期的な段取りは価値観に照らし合わせる

突然ですが、あなたにとって「人生の目標」とはなんですか？

私の場合、「知識の最大化」「森の中の図書館にこもって生きていけるようになりたい」が人生の目標です。

長期的な段取りは「『知識の最大化』に足る行動なのか？」という視点で判断していきます。長期的な段取り・スケジュールを立てるときはあなたの価値観やライフスタイルに照らし合わせることが重要です。

たとえば、私は講演の依頼に対して未来であればあるほど、料金を高く設定しています。通常の商習慣であれば、航空券の早割のように先の予定であればあるほどお買い得になっていくものです。

私はあえて逆にしています。

3カ月後よりも半年後、1年先のほうが講演料は高くなります。なぜなら、1年後も同じように講演のオファーが来る自信があり、もっと言えば、より「知識の最大化」につながる仕事を入れている可能性があるからです。

とはいえ、これでは依頼する側としても困ってしまいます。そこで、1年以内の講演のオファーに関しては、中期的な段取りに重要な「修正可能」のフィルターをかけています。

具体的には、「1年先の講演を仮押さえしました。その変わり、3カ月後にもう一度、予定を確認してもらい、その時点でキャンセル（変更）可能ならば、通常の講演料でお引き受けします」と。3カ月前に修正してもいいという条件に納得してもらえれば、1年先の講演でも講演料は通常料金で対応しますということです。

その結果、依頼してくる方々も料金を抑えることができ、私のほうは中期的な段取りに修正の余地を残したままでいられるのです。

短期的な目標の達成を邪魔する「明日やればいいや」を避ける方法

短期的な段取りに関しては、「この1日が一生続く」という意識を持つことを大切にしています。質問者の方も言うように、短期の段取りというのは「やるべきことが見えている」ので管理しやすい面があります。

「あと何時間かければここまで終わる」ということも見えますし、突発的なスケジュールの変更があっても前後の予定を調整することで乗り越えることができます。

そうした対応のしやすさがある一方で、「明日やればいいや」と思ってしまいがちになるという弊害《へいがい》もあります。

たとえば、「この仕事は明日でもいいかな」「今日は疲れたから、決めていたトレーニングは休んで、明日のトレーニング量を増やそう」「寝坊したから、朝の英語の勉強はやめにして、明日やろう」など。

その**1日の積み残しが、その後の段取りに大きな影響を与える可能性を考慮せず、**

気軽にサボってしまうのです。

積み残した仕事は必ず後々のスケジュールを圧迫します。運動習慣や勉強習慣などの場合、1日サボると習慣そのものが途切れてしまう危険性があります。

「今日、トレーニングをサボったら明日も休む。結果、3カ月後の目標体重には届かず、1年後のゴールに設定していた肉体改造も実現しない。だから、疲れていても今日もトレーニングをする」

これが「この1日が一生続く」という意識です。私は毎日、運動しています。どうして毎日できているかと言うと、下手に休んで1日置きにしようとすると、継続しないと分かっているからです。明日の自分にはできない可能性があるから、今やろう、と。それが結果的に毎日続く段取りになっているのです。

とはいえ、休みたいときもサボりたいときもあります。そんなときは、3章の「チートデイ」の考え方を取り入れて対処していきましょう。

Q&A 4

段取りを途中で忘れてしまう人の原因とその対策

Q 会社では現場のリーダーとして、上司、部下、客先にはさまれて仕事をしています。また、プライベートでは共働きの夫と子育ての真っ最中です。家事はある程度、分担していますが、いろいろと積み残しながら毎日があっという間に過ぎていきます。日曜日の夜になるたび、来週はこんなふうに……と段取りを立て、仕事もプライベートもできるだけ効率的に運ぶよう心がけているのですが、必ずと言っていいほど「あ、やっていない」と忘れてしまっている「やるべきこと」があります。

確実に段取りをこなせる方法があるのでしょうか？　あるいは、忘れてしまうくらいだから仕方がないとあきらめてしまってもいいのでしょうか？

Ⓐ 思い出したタイミングで3つの選択肢から1つを選ぶ。

私ももともと、1つのことに集中してしまうと、他のやるべきことを忘れてしまいがちだったので、この悩みはよく分かります。しかも、仕事や家庭の立場上、Aをやっているときに「Bはどうする?」「Cをやってください」と、さまざまな作業が割り込んでくる状況もあるでしょう。

その結果、取りかかること自体できずに棚上げされ、忘れてしまうと、やり残してしまうことが出てきてしまいます。

問題は、忘れていたことに気づいたときにどうするかです。こうした場合の合理的な意思決定の仕方は基本的に3つしかありません。

1. 今やる

2. 二度とやらない

3. いつどこでやるか決めてスケジュールに入れる

私が「忘れていたな」と気づいたとき、選ぶことが多いのは「3」です。日ごろからスケジュールの管理に使っているGoogleスケジュールにやり残したこと、忘れていたことを書き込み、「いつどこでやるか」を決めてしまいます。たとえば、「3日後の午前中に片づける」とスケジュールに書き込み、あらかじめ作業時間を確保しておきます。そして、当日は最優先で処理してしまうのです。

思い出したら、やるかやらないかを即決する

ポイントは思い出した直後に「1」「2」「3」の順で可能性を検討すること。他の作業に支障なく「今やる」ことができるなら、その場で実行してしまうのが一番です。

とはいえ、現実にはなかなか難しいですよね。

次に「本当にやる必要があるのか」を自分に問いかけてみましょう。疑問型セルフトークです。

もし、「やる必要がないかも」と思ったら、「二度とやらない」と決めて、本格的に

忘れてしまいましょう。

1章で紹介したとおり、ＴｏＤｏリストの41％は永遠に実行されないことが分かっています。**忘れてしまったことの中にも「実行してもしなくても大差のないこと」はたくさんある**のです。

改めて問いかけてみて、あなたが「やる必要がないかも」と思ったのなら、気おくれすることなく忘れてしまいましょう。

やる必要があると感じたら、すぐに時間を確保する

逆に「やっぱりやらなくちゃ」と思うのなら、「3」のステップに入ります。その際、必ずやってほしいのが、あらかじめ作業時間を確保してしまうこと。「○月○日の何時から何時まではこの作業をする」と決めましょう。

これをせずに「いつかやらなくちゃな」「忘れないようメモしておこう」では、単なる保留であり、棚上げ状態が続くだけになってしまいます。

「保留」「棚上げ」「後回し」のよくないところは、脳が「いつかあれをやらなくちゃ」と考え続けてしまうことです。

そのストレスは集中力、決断力を奪うことになり、他の作業にも悪影響を及ぼします。

だからこそ、**「いつどこでやるか」を決め、スケジュールに書き込み、作業時間を確保しましょう**。すると、「ここでやる」ということが定まり、忘れていた罪悪感も遠のき、脳はマルチタスク状態から解放されます。

その結果、目の前の仕事や家事に集中することができ、確実に段取りを消化できるようになるのです。

Q&A
5

上司に段取りを邪魔されてしまう人の原因とその対策

Q 思いつきで行動するタイプの上司の下で働いています。こちらが段取りに沿って作業していても、夕方になっていきなり「ちょっといいかな」と言い出し、「明日までに客先に見せられる資料を用意しろ」といった新しい指示が飛び込んできます。

実行力があり、アイデアも豊富な上司なのですが、支えているチームのメンバーは仕事が段取りどおりに進まず、時間も奪われ、困っています。

長年、このやり方で仕事をしてきた上司の性格を変えるのは難しいと思うので、何か別のアプローチでスムーズに段取りが立てられる状況をつくれないものでしょうか？

A 「あらかじめ時間を取っておく」という段取りの基本テクニックを役立てましょう。

上司から「ちょっといいかな」と言われたとき、「よくないです」と言えればいいのかもしれませんが、現実的なアドバイスではないですよね。

そもそも段取りどおりに進んでいた仕事の手を止められ、上司から新たな作業を頼まれると部下の集中力は阻害されます。典型的な**「生産性を下げるマネジメント」**です。

とはいえ、日本の会社ではあいかわらず上司に合わせる空気が支配的です。昨日も確認した内容を違う言い方で再確認してくるなど、さまざまなタイプの時間を奪う上司がいます。

そんな上司の下になったとき、部下側の助けになってくれるのが、「あらかじめ時間を取っておく」という段取りの手法です。上司がある程度、部下のスケジュールを意識してくれるタイプの人なら、事前にあなたの空《あ》いている時間を伝えていきましょう。

「明日の何時から何時の間に時間を取ってありますので、そこで打ち合わせをしましょう」「午前中は集中して案件を処理していますので、午後でお願いします」など、**空いている時間を示すことで、「ちょっといいかな」を遠ざけることができます**。

また、時間を取っておく段取りを習慣化するのも有効です。上司に毎日5分、報告のためだけの時間を取ってもらうようにお願いします。

「毎日、14時55分から5分だけいいですか？」とルール化し、先に報告のための時間を確保してしまい、日々の仕事の段取りの中に加えてしまうのです。

すると、「ちょっといいかな」が得意な上司も「あいつとは3時間後に話すから、まあいいか」と踏みとどまってくれます。結果的に上司の時間管理もスムーズになり、お互いのストレスも減っていきます。

もし、上司が自分のペースを乱されると感じそうなタイプなら、「勉強をさせてもらいたいので、毎日5分だけ情報交換の時間をいただけないですか？」など、プライドをくすぐる言い回しでアプローチしていきましょう。

上司とあなたの間で、こうした報告の段取りが習慣化されれば、余計なひと言に振り回されることも減っていくだけでなく、**単純接触効果（人は会う回数が増えると相**

手に好感を持つ心理法則）で上司の心をつかむこともできます。

事前に5分だけで納得しているので、上司の話が伸び、「そういえば、あの件も」となりそうになったら、「これ以上お時間をいただくのは申し訳ないので」とスマートに切り上げることも可能です。

上司が求める結果について、メジャラブルになるよう掘り下げる

ちなみに、相談にあったような「明日までに客先に見せられる資料を用意しろ」といった突発的な指示に対しては、目標を明確にしてもらい、ステップを細部化することで対処しましょう。

ここでも2章で紹介した「MACの原則」は有効です。メジャラブルにし、アクショナブルにすることで、お互いに同意しやすくなります。

まず、新たに発生した仕事がゼロから取り組まなければならない作業なのか。すでにあるテンプレートを活用することで処理できる作業なのか。上司の求めているゴー

ルを測定します。

その結果、「客先との打ち合わせで叩き台となるデータがあればいい」と分かれば、過去の資料のテンプレートを組み合わせることで対処可能なことが見えてきます。この時点でプロセスが明確になるので、「新たな資料をつくるには時間が足りないので、以前の資料から必要なデータをまとめました。残りは打ち合わせの内容を反映させ、来週詰めていくという対応ではどうでしょうか？」と上司に提案することができます。

大事なことは、**新たに発生した作業に悩まされる時間を短くする**こと。「上司はどのくらいの資料を求めているんだろう？」と悩んだり、「急に言いやがって」と腹を立てたりしていると、他の仕事にも影響します。

発生したストレスはできるだけ早く頭から片づけること。**やらざるをえない状況なら、「やる」と決め、「何をどうするのか」決定すると、あとは行動するだけ**。脳はストレスから解放されます。

Q&A 6

うまく段取りを立てられない部下に悩まされる人の原因とその対策

Q 飲食チェーンの店で地域の店長をまとめ、各店舗の状態を把握するエリアマネージャーをしています。段取りのいい店長、段取りの悪い店長がいて、「どうしてあの人はできて、この人はできないのだろう？」と歯がゆい思いをしています。段取りの悪い店長には事細かな指導を入れているのですが、逆に1つ1つ確認される場面が増え、自分の仕事の効率がガタ落ちです。どうすれば自発的に段取りを立て、動いてくれるようになるのでしょうか？

A 勇気を持って裁量権を渡し、見守ることによって遠回りになるが、人を育てる。

あなたが使える1日の時間は24時間です。また、段取りの悪い店長さんの1日の時間も24時間です。

今、あなたが試みているように段取りの悪い店長さんの一挙手一投足に目を光らせ、指示を出し、結果を確認していったとしたら、あなたの24時間はどんどんその作業に奪われていきます。

書かれているとおり、あなた自身の仕事の効率はいちじるしく落ちていくでしょう。誰かの段取りの乱れを完璧にフォローするのは、不可能です。またそんなことをしていては、当人の段取りを立てる能力も育っていきません。

あなたがリーダーとしてやるべきことは、目を光らせるのではなく、重大な失敗をしないレベルのサポートだけを心がけ、それ以外は店長さんに全部を任せてしまうこと。それが、このケースで有効な事前準備となります。

その際、キーワードとなるのは**「裁量権」**です。

さまざまな心理学、行動経済学の研究が示していますが、人は自分で選択したという実感する状態、裁量権を持っているという自覚があると幸せを感じます。**幸せを実**

感すること、成功した自信を持つことが、本人の能力を伸ばすのに役立つことも分かっています。

ですから、上司は部下に裁量権を与え、見守っていくことで、彼らの能力を伸ばすことができるのです。とはいえ、裁量権と聞くと何か大きな権利を託すように感じて、抵抗感を覚えるかもしれません。そこは安心してください。大事なのは、本人が「自分で選択した感覚を持てること」にあるからです。

「自分で選択して行動した」と感じてもらうため、任せて見守る

『選択の科学』などの著書があるコロンビア大学シーナ・アイエンガー教授は、裁量権についてこんな研究の成果を発表しています。

教授はカナダ生まれのアメリカ育ちですが、伝統的なシーク教徒の家に生まれたというルーツを持っています。シーク教には厳格な宗教的な教えがあり、たとえば、結婚するまで相手の顔が分からないというルールがあります。

ということは、家族や親戚が話し合いをし、息子や娘の結婚相手を決めているわけです。本人同士は、結婚式の終わりに妻となる女性のベールをあげたとき、初めて顔を合わせます。現代的な感覚からすると、シーク教の若者は自分で結婚相手を選択することができず、裁量権が低いといらだっているのではないかと想像してしまいます。

戒律の少ない宗教を信じている人、選択の自由がある無神論者のほうが、裁量権を持ち、幸せを感じているはずと考えるからです。

ところが、シーナ・アイエンガー教授の研究では、宗教的な規律の多いシーク教徒のほうが、裁量権を満たされているはずの無神論者たちに比べて幸福度が高いことが分かりました。

なぜかと言うと、無神論者たちは無数にある選択によって迷い悩んでいた一方で、規律によって選択肢の少ないシーク教徒の人たちは1つ1つの選択を自分で決めたと感じられる場面が多いからです。

つまり、裁量権による幸せは実際にどのくらい自由に選べるかとは関係がなかったのです。もっと主体的に、自分が選んだと自覚できるかどうかが大事。言わば、思い込みでも「みずから選んで決めた」と思えれば、成長につながる幸せを得られるのです。

これは仕事でも同じで、**自分で決められる部分が多い人のほうがやりがいを感じ、成長していきます**。スターバックスやディズニーランドなどは社員やアルバイトに裁量権を渡し、働く人、利用者の双方の満足度を高めています。

段取りの悪い店長さんには、この本で学んだ段取りのためのスキルを伝え、裁量権を渡して見守っていきましょう。当初はイライラすることもあるでしょうが、最終的には「急がば回れ」を実感する結果になるはずです。

Q&A 7

むだな会議に自分の仕事の時間を奪われる人の原因とその対策

Q 転職して3年、とにかく会議や打ち合わせの多い会社で働いています。こういう社風なんだ……と受け入れる一方で、「10時～11時は会議だから」と予定を空けておいても「部長の独演会になって12時まで会議が続く」的なことがよくあり、スケジュールどおりに仕事が進まない悩みもつきません。
本当はむだな会議そのものをやめてもらいたいのですが、ひとまず予定の時間内に終わらせる方法を教えてください。

A 会議は意思決定の最終兵器。気軽に使いすぎるのは大問題。

むだな会議問題は世界中の研究者も頭を悩ませているようで、効率的な会議の方法から会議そのものの効果の有無まで、会議にまつわる研究は数多《あまた》行われています。

たとえば、新たなアイデアを出すのに効果的だとされる「ブレインストーミング」についての研究では、**「他人と考えるより個人で考えるほうが、オリジナリティーのあるアイデアが出る」「チームが大きくなるほどブレインストーミングによって得られる創造性は下がる」**という結果が出ています。

また、**「会議に参加すると何もしていなくても『仕事をしている』という満足感を得られるため、生産性が落ちる」「大人数が集まって決定を下すことで、責任の所在がうやむやになり、目標の達成率が低下する」**といったデータもあります。

そんなわけで、私は会議あるいは打ち合わせというものを毛嫌いしています。基本的に仕事の打ち合わせもスタッフが対応し、私が出て行くことはほぼありません。いわゆる「顔合わせ」的な打ち合わせは、特にお断りしています。

これは私が自分の時間を何よりも大事にしているからです。たとえば、1回の会議に1時間かかるとしましょう。私の場合は、それだけ時間があれば5～10冊の本を読むことができます。

「知識の最大化」を考えたとき、「本を読んで手に入る新たな知識」と「会議に参加することで手に入るもの」を天秤《てんびん》にかけると、圧倒的に前者に傾きます。参加をうながされる会議の9割は、参加する価値がないと判断することになります。

残念なことに、日本人の働き方を調査した統計データによると、日本の平均的なビジネスパーソンは月に492分の勤務時間を会議に費やしているそうです。

「多くの会議は議題がどうでもいいことになるほど白熱して長くなる」と指摘したのは、歴史学者のシリル・ノースコート・パーキンソンです。

彼は原子炉の建設や高速道路の設置などを検討する委員会で行われた議論を例に、こう指摘しました。原子炉や高速道路の設置のような重要な議題を話し合うとき、参加者は設置の目的、そのメリット、デメリットを細かく分析。発言者は少なく、慎重に議論が進んでいきます。

一方、自転車置き場を設置するかどうかといった軽めの議題では、発言者が増え、屋根の素材をアルミ製にするか、トタン製にするか、色をどうするかなど、細かな意見が飛び交います。ここでは、「そもそも自転車置き場をつくること自体がよいアイデアなのか?」といった本質的な議論は起こりません。

理由は簡単で、原子炉や高速道路の設置、あるいは会社の買収のような重要で大規模な決定に自分が決定的な意見を出した場合、責任を取らなくてはいけなくなるので発言者の数は減ります。発言するのは、事の是非を十分に検討し、理解しているメンバーだけなので本質的な議論が展開されるわけです。

逆に、**誰もが意見を言いやすい汎用的な話題であるほど、議論は本質からずれていき、時間を浪費してしまう**のです。

これは**「パーキンソンの凡俗《ぼんぞく》法則」**と言われ、別名「自転車置き場効果」と呼ばれています。このむだを、どうなくしていったらいいのでしょうか。

会議での時間の浪費を駆逐する3つの事前準備

事前に以下の3つの段取りをつけておくだけで、時間を浪費する会議を駆逐《くちく》することができます。

1. 議題を決め、資料を事前に共有しておくこと
2. 会議の冒頭で、何時に会議を終えるのかを明確に定めること
3. 何が決まったら会議が終わるのか、ゴールを決めておくこと

会議や打ち合わせの中で最もむだな時間が、「資料を読み上げている時間」です。あなたも経験があると思いますが、一読すれば内容を理解できる資料を代表者がだらだらと読み上げるという儀式は今も日本中の会議で行われています。事前にメールで配付し、参加者は全員が一読してから集まるというルールを決めれば、「資料を読み上げている時間」はなしにできます。

また、**事前の情報共有により、会議までにカラーバス効果（意識しているキーワードに関する情報を無意識のうちに集めていく心理法則）が働き、必要な情報を脳が無意識に集め、画期的なアイデアをつくりやすくなる**という利点もあります。

続く「2」と「3」は「MACの原則」と同じ考え方です。会議の冒頭で終了時間を参加者に告げます。**こうして制限時間を設けることで生産効率を上昇させる「デッドライン効果」**も期待できます。

それでも参加者の中には論点からズレたことを言い始める人がいることでしょう。そんなときは、「それはまた別の機会で議論の時間を取りますから」と止めてしまうことです。

また、**設定した終了時間に関係なく、「これを決める」というゴールにたどり着いたらそこで会議を切り上げましょう。**

「とりあえず会議、打ち合わせしましょう」はNGワードに

ヴァージン・グループのリチャード・ブランソンは**「議題が1つしかない会議に5分から10分以上の時間をかける必要はない」**と断言しています。

Yahoo!のCEOのマリッサ・マイヤーは週に70件の会議を行うそうですが、1つのミーティングは5分から10分で終えると決めていると語っています。

実際に、複数の研究が「会議や打ち合わせで費やされる時間のうち、問題解決に貢献しているのは5〜10分だ」と結論づけています。

また、Facebookの共同創業者のダスティン・モスコビッツは**週に1回、社員が誰にも邪魔されずに仕事ができる日をつくるため、ノーミーティングデーを推奨**。実践することで、生産性を高めています。

本来、会議は最後の手段。最後の最後、全員で決定しなければいけないことがあるから、顔を揃えて議論をし、決を取るわけです。

「とりあえず会議をしましょう」「とりあえず打ち合わせしましょう」という習慣は、最終兵器を最初に使っているようなものです。

最後にNBAダラス・マーベリックスのオーナー、マーク・キューバンの名言を。

「小切手を切ってもらえないなら、会議には出席するな」

私は心から共感します。

6章

必ず目標達成できるパーフェクト・スケジュール

スケジュールに空きがない人は成長しない

自分の未来を自分でつくるための段取り。それがスケジュールです。

私がGoogleスケジュールを開き、自分のスケジュールを書き込み、管理しているときに考えているのは、自分の未来がよりよくなること。他人がつくった自分には合わない習慣から逃れ、自分の人生の目標がかなえられるような段取りをしていくこと。

スケジュールは予定を書き込むだけのものではなく、今日よりも明日、明日よりも明後日、今月よりも来月、今年よりも来年の自分を向上させていくための最良のツールです。

もしも、あなたが「火曜日、朝9時〜出張。水曜日、17時に帰社」的な書き込みでスケジュールを管理しているなら、すぐに書き方を改めましょう。現状のままではキャリアの大ピンチですが、同時に**大きなチャンス**でもあります。本章でお伝えするスケジュールの立て方を取り入れることで未来が劇的に変わっていくはずです。

多くの人はスケジュールについて、時間と予定を埋めるものだと勘違いしています。**スケジュールは、何をするべきかを見やすくするためのもの**です。自分が何をして、どう時間を使っているのかを把握するためのもの。予定を次々と入れて、時間を埋め、安心感、充足感を得るためのノートではありません。

極端に言えば、**「空《あ》きのないスケジュール=成長の可能性の乏《とぼ》しい人生」**です。

あなたは、自分の口座のお金を毎月0円まで使い切る人がいたら、どう思いますか？　かなりクレイジーな金銭感覚です。しかし、スケジュールに関しては詰め込んで時間を使い切り、安心してしまう。空き時間がないのは貯金が0円になるのと同じ状態です。

スケジュールは空いているほうがいい。空きのないスケジュールは、これ以上のことができないという未来を示しています。空欄を埋めるように予定を書き込んでいる人は注意してください。

スケジュールには予定と行動、その予測時間を書く

私は**できるだけスケジュールに空きをつくるよう努力しています**。

その努力の1つが、どのようにスケジュールを書き込んでいくか、という段取りです。

というのも、1日は24時間以上には増えません。決まった時間の中で自由な空きスケジュールをつくり出すには、仕事やプライベートでの予定を効率的にこなし、空き時間をつくっていく必要があります。

そのためには、**日々を点検する視点が欠かせません**。それがスケジュールにおける、事前準備であり、段取りなのです。

私はGoogleスケジュールに2週間単位でやるべきことをなるべく正確に書き込み、かかった時間、感じたことも後書きしています。1週間ではなく、**2週間単位で管理しているのは、短期、中期、長期の目標に対して自分がどんな働きかけをしているのかが、ある程度、俯瞰《ふかん》的《てき》に見ることができるから**です。

また、1カ月単位になると、1日1日の行動スケジュールを細かく書き込みにくくなってしまいます。

実際に私がどのような書き方をしているのか。ある日の例を挙げると、朝の予定はこんなふうに書いてあります。

7時に起床。

SIT（スプリント・インターバル・トレーニング。30秒全力で体を動かし、3分休み、再び30秒全力で体を動かすというトレーニング方法です）。顔を洗って歯を磨き、ヨヒンベ15ミリグラム（サプリメント）、水を2リットル。

その後、コーヒーを1杯。テアニン、マカを3グラム。

ここまでが目覚めてから行うルーティンです。

起床直後に運動するのは、脳を目覚めさせるため。水分を摂取するのは血流を高めるため。各サプリメントは栄養を補うため。コーヒーはカフェインの補給によって脳のパフォーマンスを高めるためです。

起きた直後から取り組むことが正確に書かれているので、目にしたら毎日、確実にやるしかありません。もちろん、このルーティンに至るまでにも何度も試行錯誤《しこうさくご》を繰り返しています。

以前はSITではなく、ランニングマシンなどを使った通常のジムトレーニングを行っていました。しかし、時間がかかります。そこで、同じだけの効果が得られる方法がないか模索し、SITにたどり着いたわけです。

コーヒーを飲む量に関しても最新の研究データを調べ、カフェインは100ミリグラム以上摂取しても、効果に変わりがないと確認。

私のスケジュール

7時くらいに起床	(目が覚めた時に起きるため、時間は固定ではない) SIT [4分] 顔を洗って歯を磨く [5分] ヨヒンベ15mg、水2ℓ。カフェインとテアニン、マカ3gを摂取して、シャワーを浴びる [15分] 森で瞑想 [30分] ステッパーをこぎながら読書 [3時間] ニコ生またはYouTube Liveの番組を1つ立てる
14時まで断食	ブルーベリー100g、バナナ、カカオニブ、プロテイン、クレアチンを摂取 筋トレ [45分] またはHIIT (高強度インターバルトレーニング) [10分] 昼寝 [18分]
18時	EGCgを摂取して夕食・会食
21時	ニコ生またはYouTube Live放送 洗い物・洗濯・風呂、ナイトレストを摂取 [30分] (ニコ生のアーカイブ可能になるまで放送後30分かかるため) ニコ生のアーカイブをアップロード [30分] (待っている間にメールの処理、スケジュール確認、Amazonで買い物など [むだ時間と買い物時間の短縮])
23時過ぎ	眠くなったら寝る

★仕事はこのスケジュール以外の隙間時間に入れる
★食事は昼にフルーツ系の軽食で、夕食に2食分くらい食べる

さらにサプリメントのテアニンとカフェインを組み合わせることで、集中力が10パーセント高まるというペラデニア大学の実験結果を知り、今はテアニンのタブレットを口に放り込んでからコーヒーを飲んでいます。ただ、サプリメントに関する情報は日々変化していくので、今後もよりよい組み合わせが見つかれば、躊躇《ちゅうちょ》せずにアップデートしていきます。

そのためにも何時に何をどの程度取り、どんな印象を持ったかの正確な書き込みが必要になってくるのです。

行動を細かく書き込むことで実行度が上がる

ここまで読んで、「ＤａｉＧｏ、細かすぎる……」と感じた方もいると思います。

たしかに、細かいです。でも、想像してみてください。

もし、スケジュールに「朝7時から7時30分はトレーニング」とだけ書き、起床とともに「今日は何のトレーニングをしようか」と考えていたら、同じ内容をルーティンとしてこなせるでしょうか。

「だるいな」と感じている朝はサボってしまうかもしれません。あるいは、「今日は天気がいいから、外を走ろう」と1時間近くトレーニングにさいてしまい、しかも運動強度は下がるという展開になることもあるでしょう。

もちろん、気分転換に外を走ることはリフレッシュという意味で悪い選択ではありません。ただし、私が朝のトレーニングに求めているのは、その後の脳パフォーマンスを高めること。明確な目標を定めて、段取りを組んでいるのです。

細かく手順を書き込まずに、その場で「何をどんな順でやるか」を決めていたら、時間が足りなくなります。ですから、**スケジュールには予定ではなく、普段やる行動を書き込んでいきます**。

「やることは全部書く！」くらいの勢いで。

そのとき大事なのは、**自分が取る行動とそれにかかる予測時間も書く**ことです。何分かかる予定ではなくて、何分かかるのかの予測。これくらいかかるだろうと書き込み、実際にやってみて、何分かかったかを記録。その後、「もっとかかる時間を減らすには？　短くするには？」と検証していきます。

その繰り返しによって、**1つ1つの行動がブラッシュアップされ、むだがなくなり、1日24時間の中に空いた時間をつくり出す**ことにつながります。そして、なるべく空いた時間、スケジュールの隙間を増やすことを心がけて、改善していきます。

空き時間が増えたら、新たなことにチャレンジする

トレーニングの方法1つにしても改善していくことで、時間を短縮することができ、スケジュールの空き時間を増やすことが可能です。**空き時間、スケジュールの隙間は言わば、貯金のようなもの**。お金が余っていたら、他のことに使えるようになりますよね？

スケジュールに空き時間が増えていくと、新しいことにチャレンジすることができます。繰り返しになりますが、空き時間は可能性です。

スケジュールに空き時間がない人は、今以上の成長が見込めないということ。**空き時間にアイデアを広げ、新たなことにチャレンジする人が成長する一方で、その努力を怠《おこた》っている人は隙間なくスケジュールを埋めて満足します。**

「自分はやるべきことをやっている。がんばっている。これだけのたくさんの仕事を

こなしている。自分には価値があるんだ」と。

しかし、その延長線上には現状維持しかありません。

予定が埋まっていないと周囲から「仕事をしていないように思われる」という恐怖感もあるでしょう。けれども、あなたが今、スケジュールに書き込んでいる予定が本当に必要なものかどうかを見直すことからしか、変化は始まりません。

何をなくせるか考え、予定を減らしていくこと。究極まで減らしていったら、次に何に取り組むかを考えます。むだをなくさないと次の段階はやってきません。両手いっぱいに物を持っていたら、新しいものをつかめないからです。


こうしたスケジュールに対する私の考え方と視点を基準に、今回の本のために取材に協力してくださった3人の方のスケジュールをチェックしていきたいと思います。

スケジュールを提供してくださったのは、次の方々です。

・企業の最前線で活躍される営業の方
・パートをしている主婦の方

・若手の経営者の方

少々辛口のコメントになってしまう部分も出てきますが、みなさんの未来をよりよくしていくためと思い、ご容赦ください。

スケジュールのうまい人、下手な人はここが違う

ケース①営業マンのスケジュールについて

全体的に詰めが甘い印象です。

特にやるべきことの書き込みが圧倒的に足りません。

一番改善してほしいと思ったのは、「大阪出張8時～19時」となっている日のスケジュールです。

出張に出た先でどんなことをするのか、一切書かれていません。打ち合わせもあれば、会食や視察もあるでしょう。そして、それぞれの場面での目標もあるはずです。

営業マンのスケジュール

2018年6月

4日 月	9：00　朝礼 11：00　A社訪問
5日 火	9：00　朝礼 10：00　社内打ち合わせ 11：00　B社訪問 16：00　取引先C社来社
6日 水	10：00　会議 13：00　製造部と打ち合わせ 16：00　D社訪問 18：00　懇親会
7日 木	9：00　専務打ち合わせ 13：00　E社イベント 15：00～17：00外回り（X社、Y社、Z社）
8日 金	8：00～19：00大阪出張

打ち合わせならば、「進めている作業について相手と共通認識を持つ」「次の仕事につなげる感触を得る」「納期の締め切りを共有する」など。**目標を書き、打ち合わせが終わった後、実現できたかどうかを評価するべき**です。

同じことは、「懇親会」というスケジュールにも言えます。

懇親会的な集まりにはほとんど顔を出さないと決めている私からすると、「懇親会はいりますか?」という根本的な疑問もありますが、必要だとするならばここでも明確なゴールの設定をするべきです。

「懇親したことによって、何が生まれた?」と。

私がどうしても懇親会に参加しなければならないときは、必ずスケジュールに終わり時間(自分が会から帰る時間)と目標を併記します。

最近で言うと、「1時間の間に10人と話す」という目標を立てました。私は内向的な性格なので、自分にこうした目標を課さないと壁の花になってしまいます。そこで、人と話すことをゲーム化するわけです。

こっそりスマホのタイマーをかけておき、5分ごとに振動させ、その間に相手と連絡先を交換する、1回は笑わせるなど、細かなゴールを設定して「1時間の間に10人と話す」を達成していきます。

ですから、「18時から懇親会」とだけ書かれたスケジュールはスケジュールではありません。そこで、何を達成するのかも書き込んでこそ、意味があるのです。

また、東京から大阪への出張であれば移動の時間が2時間30分あります。

この2時間30分の間に何をするのかが書かれていないのも気になります。私は出張や講演で新幹線や飛行機などに乗るときは、移動時間を3つか、4つのブロックに分けて何をするか段取りを立てておきます。

2時間30分ならば、読書30分、原稿執筆30分、アイデア出し30分、瞑想30分、そして、それぞれの合間に休憩といったイメージです。15分集中して休憩のサイクルが8つ取れます。

ところが、何の段取りもせず、スケジュールにも書かず新幹線に乗ったらどうなるでしょう。たぶん、ぼんやりと車窓やスマホを眺め、新聞をめくり、眠くなりうたた寝で終わってしまいます。

なぜそうなってしまうかと言えば、「朝から出張で19時帰社」という書き方に原因の一端があります。「今日は出張だから、他のことはできない」と錯覚してしまうのです。本来あるはずのスケジュールの隙間が見えなくなってしまい、見えていないから計画を立てることもできないわけです。

往復で5時間もある移動時間を集中のサイクルを回す時間に変えられれば、それだけで大抵の作業は終えることができます。予定の書き方1つで怠惰な時間になるか、未来につながる作業の時間になるのかが分かれてしまう。

ぜひ、この営業の方にはそんな視点で自身のスケジュールを見直してみてほしいですね。

ケース②パートをしている主婦のスケジュールについて

一見、大雑把で余白が多い印象を受ける主婦の方のスケジュール。今回の3つのスケジュールの中で失敗に対する計画性の高さという意味で、最も理に適《かな》っていました。

なぜかと言うと、家事の時間、パートの時間、病院へ行く時間など、割り当てがあ

パートをしている主婦のスケジュール

WEEK

月	火	水	木	金
パート	パート	病院 買い物	パート	家事多めにする日 （掃除、 シーツ洗濯等）

土日　出かけたり、日帰り旅行に行ったり、家族と過ごす

DAY

7:00	起床	朝ご飯とお弁当用意
8:00	見送り	
	朝食	洗濯
9:00		軽く掃除
10:00		お風呂掃除　お皿洗い
11:00		ご飯用意（主に夕食の準備）
12:00	昼食	
13:00	昼寝	
14:00		テレビを見たりのんびり
15:00	軽食	出かける用意
16:00〜20:00	パート	
	夕食	
21:00		お皿洗い　洗濯物をたたむ
22:00	お風呂	
23:00	就寝	

る時間で何をするのかが非常に明確だからです。

特に「いいな」と思ったのは、「昼寝」「テレビを見たりのんびり」と休憩時間をあらかじめ確保し、スケジュールに盛り込んであるところでした。

ここは休むと決めてあることで、休憩が習慣化されています。すでに書いたように、スケジュールの隙間時間は未来の可能性です。

「何もしない」と決めた時間が日常的に確保されているということは、本人が「何か新しいチャレンジをしたい！」と思った瞬間に、即行動に移ることが可能だということ。また、他の段取りにトラブルが生じても、それを挽回するだけの時間的余裕があるということでもあります。

つまり、家事、パートに時間をさきながらも、常に片手は自由になっている状態です。

家事についてはきちんと予測時間を立てたうえで、やるべきこととして枠を決めてあります。これは家事を習慣として定着させるために優れた方法です。

さらに言えば、家事についてゲーム化していくことで、より効率的なスケジューリングが可能になります。この主婦の方も実践されていますが、日常生活に目標を設定し、枠を取り、スケジュールに組み込むのはすごくいい傾向です。

家事がすばやくできれば、それだけで達成感もありますし、楽しさを感じます。料理も掃除も前回よりもかかる時間を短くしようといったゲーム化によって、効率がアップします。成果を下げず、時間は短く、工夫することであきずに取り組むことができるのです。

最適化の欲求を実現する

私は、家事全般についても徹底的に効率化を図っています。

たとえば、掃除。最終的なゴールは掃除をしなくてもいい生活に設定しています。掃除機をかけ続ける時間をどうにかできないかと考え、ルンバと床拭きロボットのブラーバを導入。これでかなり自動化されましたが、ルンバもブラーバも起動させるためにボタンを押さなければいけません。この手間もなんとかしたいと今はAmazonの会話式ＡＩアシスタントのアレクサとルンバを連携して、「アレクサ、ルンバで掃除して」と話しかけるだけで掃除が始まる仕組みにしました。
掃除のクオリティは変わらず、以前のやり方よりもより早く、より楽になる方法はないか。自分の手を動かす掃除の方法を効率化して、前回よりもタイムを縮めるといったゲーム化もありですが、そもそも手を動かさない掃除の仕方を追求するというルートもあるわけです。

もし、新しい方法でうまくいかなければ、主婦の方が実践しているような掃除のやり方に戻していけばいい。**失敗を想定に入れながら新たな段取りにチャレンジできるのも、スケジュールに隙間時間があるから**です。

ちなみに、私の「ボタンを押すのがダルい」欲求はエスカレートしており、照明のスイッチを押さずに灯りがつくように、各部屋や廊下に光センサーをつけ、通ると光るようにしました。動きがなくなれば、自動的に消えます。調光に関しては光センサーと連動させ、昼は青白い光、夜はローソクのような色調になるよう設定しています。
家で過ごす時間は快適でありたい。そのために最適化の欲求を実現する生活の段取りをしています。

ケース③社長のスケジュールについて

この方のスケジュールはいろいろと気になるところがあります。

まず、メールチェックの回数が多すぎます。社長の最大の仕事は意思決定ですから、必要なときに意志力、集中力を発揮することが重要です。そのためには、スケジュールを組む段階から意志力、集中力が奪われてしまう要素を取り除いていくべきです。

その点、メールチェックの頻度の高さは、それだけ集中力を分散、消耗させ、メールを読み、返信する作業が重なることでものごとを決定する意志力を奪っていきます。

果たして、やりとりしているメールの中にどれくらいの割合で、「社長でなければ意思決定できない内容」が含まれているのでしょうか。

正直、本当に重要な契約事項などは対面で行われるはずです。また、本当に重要なメールがあるとしても、その頻度は1日に何通というレベルではないでしょうか。

「メールチェックが経営上、一番大事ですか？」と問いかけてみてください。そうではないのなら、**一番大事なこと以外は全部なくすという視点で洗い直し、むだをなくす**方法を考えましょう。

特に朝のメールチェックは本当に必要でしょうか。前日の夜に重要な意思決定を求めるメールを送ってくる相手は、どこか問題を抱えています。どうしても社長の意思決定が必要な要件であれば、本人か秘書に電話連絡が入るか、相手が社長室に駆け込んでくるはずです。

私のお勧めは**メールチェックを1日に2回ないし、3回に絞り、周囲にも「私は1日に2回（ないし3回）しかメールを見ません」と宣言する**ことです。

1回15分という割り当てで、メールチェックとメールの処理を行います。こうすると、まず本人の時間が守られます。周囲に宣言することでメールを送ってくる相手は、内容を吟味してくれるようになるのです。

細切れで何通もメールを送ってくることがなくなり、伝えるべき情報を精査して1通のメールにまとめてくれるので、結果的に読む側、送る側の時間が守られるようになります。

社長のスケジュール

2018年6月4日

10：15～10：30	出社　メールチェック、急ぎのものに返信
10：30～12：00	幹部連絡会
12：00～13：00	幹部連絡会を受けて経営シミュレーション、再度メールチェックと返信、稟議書決裁
13：00～13：45	昼食
13：45～14：00	メールチェックと書類押印
14：00～14：40	子会社社長来社。報告を聞き、打ち合わせ。
14：40	外出（A社へ）
15：00～16：30	B社理事会
16：30～16：50	帰社
17：00～18：30	稟議書決裁、メール処理。社員の緊急の相談に対応。来週出張スピーチのための原稿書き。
18：30	外出
19：00～21：30	クライアントと会食
21：30～23：00	二次会
23：00	帰途へ
24：30	帰宅

午前中に割り当てているスケジュールの中で、社長にとって一番大事なのは「経営シミュレーション」の時間です。ところが、現状で確保している時間は幹部連絡会とメールチェックのほうが長くなっています。ここでも一番大事なこと以外は全部なくすという視点で洗い直し、時間配分を変更するべきです。

経営シミュレーションに2時間30分、幹部連絡会は報告内容をペーパーにまとめ、一覧できる状態にし、大幅に短縮してしまって差しつかえないはずです。

海外の企業によっては、1週間に1回、ノーメールデーやノーミーティングデーを設けて、経営層、従業員ともに自分の仕事に注力。生産性を高める段取りとしている企業があります。各社ともにそれで収益は上昇。何を一番大事にするか、究極の目的は何かを突き詰めていくと、おのずと改善の方法は見えてきます。

ただし、新たな試みを行うときは必ず挫折《ざせつ》や失敗を計算に入れてスケジュールを組みましょう。

やってみてダメなら削る。やってみてフィードバックを取ってみて、自分や会社に合わないならばやめる。ゴールへの近道は、試して、確認して、改善する……の繰り返しです。

報告は音声や文章のやりとりで済ませる

スケジュールの中に「子会社社長来社」とありますが、これも一度疑ってみるべき項目です。果たして、来社の必要があるのか？

報告だけであれば、来社の必要はありません。話す必要があるなら、ネット会議で十分です。

双方の移動時間がはぶけ、大幅にスケジュールに余白をつくることができます。

一般的には、相手とのコミュニケーションは直接会ったほうが深まると言われています。しかし、こと報告と打ち合わせに関しては逆です。

心理学の研究によって、テキスト情報でやりとりをしたほうが相手の本音を引き出しやすいことが分かっています。特に一方の立場が上の場合、顔を合わせて話すと相手は必ず気を遣い、本音を抑えます。

子会社の社長の報告も文字情報で受け取ったほうが、屈託のない意見が聞けるわけです。どうしてもリアルタイムで打ち合わせしなければいけないなら、Ｗｅｂ会議で十分。それも音声のみのほうが、相手の忖度《そんたく》が抑えられていいでしょう。顔を突き合わせて行う意味はありません。

とはいえ、相手の真意を探りたいなら表情から得られる情報が重要になってきますので、対面する価値があります。つまり、**報告は文章や音声でのやりとりで済ませ、相手の真意を探りたいとき、仲間意識を強め、信頼感を高めたいときは顔を突き合わせたほうがいい**ということです。

また、1日の終わりに「帰途へ」と書いてある1時間30分ももったいないです。15分のメールチェックの予定はスケジュールに書いてあるのに、この90分に何をするかは書かれていません。つまり、段取りが決まっていないということです。

営業マンの方のスケジュールで新幹線での移動時の時間の使い方について切り込みましたが、ここでも同じです。時間をお金に置き換えれば、１５００円を何に使うのかはチェックしているのに、９０００円を何に使ったかは覚えていないようなもの。この時間の使い方は、非常にもったいなく、改善すべきです。

地位の高くなった人の抱える最大の課題は、「今、自分がやっているやり方が間違っているんじゃないか？」と思えるかどうかです。

地位が高くなればなるほど、周囲の人は遠慮して間違いを指摘してくれなくなります。その結果、従来のやり方をそのまま繰り返し、それが大きな失敗を招くリスクになるのです。

そのリスクを回避するには、みずからのやり方を自問自答することが役に立ちます。もし、間違っているかも……と感じたら、違う方法を試してみて、その結果をみずからフィードバックしていくことです。**「意味がない」と分かったやり方はよりよい形に変え、「やる必要がない」と分かった作業は切り捨てていく**。それがスケジュールを変えていく基本となります。

私がGoogleスケジュールを使う理由

私は紙の手帳派でしたが、数年前からGoogleスケジュールに切り替えました。机にどんと見開きにすることができ、見やすい大判のスケジュール帳のほうが毎月のスケジュール管理には便利でした。ただ、紙の手帳の難点は2年前、3年前の今日をすぐには振り返ることができないことです。

これは自分の未来をつくるという意味では、物足りないところ。その点、Googleスケジュールなど、デジタルデバイスのスケジュールアプリであれば、ワンクリック、ワンタップで過去の今を確認し、比較することができます。

2年前の今日、自分がどんなふうに時間を使い、どんなスケジュールで過ごしていたのか。それに比べて今日の自分のスケジューリングはどうか？

自分と自分を取り巻く環境の変化をすぐにつかむことができます。

私は**Googleスケジュールに切り替えてから、その日に感じた悩みなどもスケジュールに書き込む**ようにしました。悩みを書き出すことで、脳へのストレスを減らし、集中力を高める効果が得られる一方、1年後、2年後に振り返ったとき、その悩みのどうでもよさを実感することができるからです。

たとえば、今日、あなたがすごく悩んでいること、「午後のミーティングで上司にどうやって失敗の経過を報告しようか」や「パートナーとケンカしてしまって気まずい」といったことのほとんどが、1年後に見返してみると、「あの日、何に悩んでいたか思い出せないレベル」にすぎないことが分かります。

実際に、私もこの本を書くにあたって、4年前の今日を振り返ってみました。すると、そこには「テレビ出演の仕事が減っている」「収入が下がったら、家賃を払えるだろうか？」といったことが書いてありました。

4年後の未来である今からすると、本当にどうでもいい悩みです。より高い家賃の家に引っ越しましたが、年収が増え、不安はありません。

こうして**過去の悩みのほとんどが今の自分には思い出せない程度のものだったという経験を繰り返すと、悩みに対するセルフマネジメント能力が高まります**。

「これは頭を悩ますほどの問題じゃない」「悩んでいても時が解決してくれる」など、自分の悩みを切り離してものごとに対処できるようになり、集中力、行動力への影響が減っていきます。

つまり、スケジュールの書き方次第で、今の悩みに足を引っぱられて行動を制限されることがなくなるわけです。これもまた、自分の未来を自分でつくるための段取りだと言えるでしょう。

目標は紙に書くと、記憶に強く残る

紙のスケジュール帳の利点は、書くという行為が記憶に強く残す力がある点です。たとえば、今年の目標、今月の目標、今日の目標などは、デジタルデバイスとは別に薄い紙のスケジュール帳を用意し、そこに「今年は◯◯を達成する」「今月は◯◯を実現する」「今日は◯◯だけは必ずやる」などと書くことで、強く意識づけることができ、実行度を高める効果が得られます。

記憶や動機づけには、デジタルデバイスよりも紙が向いているのです。

ですから、紙派の方には1日分が見開きで朝から夜までの時間が1時間単位で区切られているような大判のスケジュール帳をお勧めします。そして、Google スケジュールなど、デジタルデバイスのスケジュールアプリを使うなら薄い紙の手帳も併用するとより効果的です。

1日の行動を自己採点する

1つの予定をこなしたら、すぐにそのやり方、段取りがよかったのかどうかをチェックしましょう。○、△、×という評価でもいいですし、10段階でその予定への期待度と満足度を採点するという方法もいいでしょう。

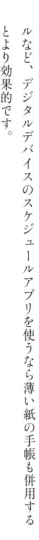

たとえば、「時差通勤を実践するため、新しい通勤ルートを試す」には「○」や「期待度8の上司との会食だったが、満足度は2。上司のグチを聞かされるだけだった」など、**日常の細かな予定でも評価し、採点することで、継続すべきか、次回は再考すべきかが浮き彫りになり、段取りの仕方をブラッシュアップしていく**ことができます。

このワンステップを踏むだけで、やってみてよかったこと、よくなかったことが整

行動を自己採点して、予測能力を高める

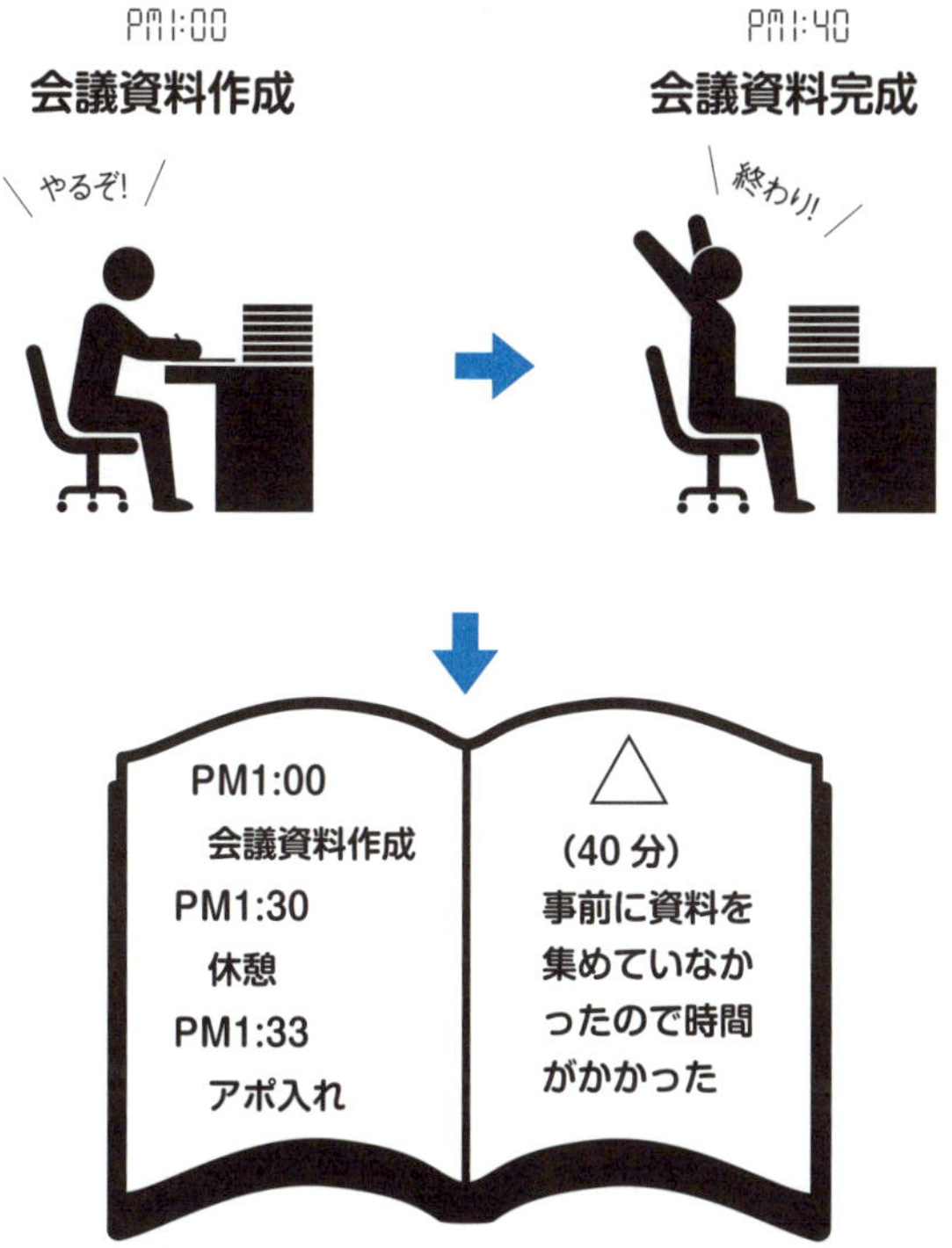

終了したら、かかった時間と評価・満足度を書き込んでおく

理できるのです。

また、「会議資料作成」に13時からの30分を割り振ったとしましょう。こうした自分で手を動かす作業に関しては、**作業終了後、スケジュールに実際には何分かかったかを書き込んでいきましょう**。

作業をする前にタイマーをセットし、会議資料を作成。終了時にタイマーを止めます。20分で終わったのなら20分、40分かかったなら40分とスケジュールに書き込みます。これは早く終わらせるのが目的ではなく、自分の見積もった時間と実際にかかった時間を記録することで、予測能力を高めていくことが狙いです。

繰り返していくうち、次にスケジュールを立てるとき「これは前回、何分くらいかかっただろう？」と調べ、平均値を割り当てることで誤差なく段取りを組むことができます。1章で書いた自分のモノサシがはっきりするわけです。

毎日行う習慣こそ最優先でスケジュールを確保する

私は基本的に自分の人生をよりよくするための習慣と、それを行うための時間を先に取り、スケジュールに書き込んでしまいます。しかし、ときには筋トレのために確保していた時間にどうしても仕事を入れなくてはいけない場合もあります。

ビジネスパーソンの場合、退社後にジムに行く予定の時間を残業で潰されるような状態に近いかもしれません。

そんなときは予定していた筋トレをやめるのではなく、前後の時間帯に動かします。これがよい習慣を途切れさせないための大切なルールです。

筋トレを18時に予定していたものの、その時間に講演を行うことになったら、17時に動かします。なぜ前にずらすかと言うと、講演の後にするよりも、前に体を動かし、脳をリフレッシュさせてから会場入りしたほうがいいからです。

何か新しいことを習慣にしようと決めたのに、実現しないのはスケジュールに組み込まないからです。やるべきこととして時間を先に押さえてしまい、細かな行動の手順を書き込むこと。

時間が来たら、自分の書き込みを見て、行動すること。その連続が習慣化を助け、あなたの人生をよりよい方向へと変えてくれます。

「やらなきゃなー」と思っているだけでは、絶対に続きません。**私たちの意志の力は、忙しさにも、疲れにも、サボりたい欲求にも、たやすく負けてしまいます**。だからこそ、**習慣化のためにスケジュールと段取りを味方につけましょう**。

たとえば、どうしてもスマホでゲームをしてしまうという人は、暇つぶしの道具を先に潰しておく段取りをしましょう。

ゲームアプリのアイコンをしまい、同じ場所にスケジュールアプリのアイコンを置きます。たったこれで、習慣化されたゲームをするという行動は抑制され、スケジュールを開く回数が増えていきます。

書き込み、見返し、自動的に繰り返していく。

やるべき行動は全部リストアップしておいて、可能なかぎり守ります。**やむなくできないときは、ずらします。**

習慣こそ、毎日しっかりとスケジュールに書き込むことです。私も習慣的な予定を一番大事にしています。なぜなら、**運命を操る唯一の方法がよき習慣を継続すること**だと信じているからです。

おわりに

私は「はじめに」で、「段取りがすばらしいのは、完成したと思ってもまたアップデートできるところです。よりよい状態を目指して改善を繰り返す作業は楽しく、より大きな自由を手に入れることができます」と書きました。

本書では段取りのアップデートを繰り返し、よりよい計画を立て、実行することによって目標を達成していく方法を紹介してきました。

それでも、どれだけ完璧を目指しても失敗はあります。いくら経験を積んでも計画倒れが起きれば、私たちは落ち込みます。

とはいえ、倒れてしまった計画にも価値があります。それは記録が残っているからです。

事前準備を行い、段取りを立て、スケジュールを決め、実行した一連の記録は、あなたにとってかけがえのない財産となります。

なぜなら、**失敗から学ぶ方法として一番大切なのは、記録を残しておくこと**だからです。私たち人間は過去を正確に思い出すのが苦手です。失敗しては落ち込んで、その後、冷静になってからでないと「どこが悪かったのか」を考えられません。

倒れてしまった計画は、あなたを成功に導く価値ある記録となる

記録がなければ、冷静になったときに、計画倒れとなった原因を分析することもできないのです。その点、事前準備を行い、段取りを立て、スケジュールを決め、実行した一連の記録があれば、どこから計画が失

敗の方向に進んでしまったかを確認することもできます。

失敗したことだけでなく、どうすれば修正できたのか、どのルートなら達成できたのか。振り返りながら検討することで、計画倒れがあなたにとっての成功のモデルとなっていきます。

倒れない計画の追求に終わりはありません。

段取りをつけ、実行することと行程のフィードバックを繰り返し、意味のない事前準備、むだの多いスケジュールがあれば変えていきましょう。

小さな当たり前にも疑問符を立て、よりよい方法を追求していくことで、あなたの行動が変わり、新たな習慣が身につき、人生は望んだ方向へと動き出していくのです。

著者記す

2018年7月

参考文献

Ad. Kleingeld (2011) The Effect of Goal Setting on Group Performance: A Meta-Analysis

Ibrahim Senay, et al. (2010) Motivating Goal-Directed Behavior Through Introspective Self-Talk: The Role of the Interrogative Form of Simple Future Tense

P. M. Gollwitzer, et al. (2011) Self-Regulation Strategies Improve Self-Discipline in Adolescents

Richard Wiseman (2010) 59 Seconds change Your Life in Under a Minute

P. M. Gollwitzer (2009) When intentions go public: does social reality widen the intention-behavior gap?

Lisa D. Ordóñez, et al. (2009) Goals Gone Wild: The Systematic Side Effects of Over-Prescribing Goal Setting

Gabriele Oettingen, et al. (2002) The motivating function of thinking about the future: Expectations versus fantasies

Sookhan Ho (2014) Consumer behavior study finds response to an initial slip in discipline is key

Chun-chu chen, et al. (2014) Tourism Experiences as a Stress Reliever

Lien B. Pham, et al. (1999) From Thought to Action: Effects of Process-Versus Outcome-Based Mental Simulations on Performance

Huang, Szu-chi, et al. (2013) All roads lead to Rome: The impact of multiple attainment means on motivation

Rita Coelho do Vale, et al. (2016) The benefits of behaving badly on occasion : Successful regulation by planned hedonic deviations

Linda Houser-Marko, et al. (2008) Eyes on the Prize or Nose to the Grindstone? The Effects of Level of Goal Evaluation on Mood and Motivation

Park J. et al. (2017) Relative Effects of Forward and Backward Planning on Goal Pursuit

Stacie M. Spencer, Julie K. Norem (1996) Reflection and Distraction Defensive Pessimism, Strategic Optimism, and Performance

著者紹介

メンタリストDaiGo（めんたりすと・だいご）

慶應義塾大学理工学部物理情報工学科卒業。

人の心を作ることに興味を持ち、人工知能記憶材料系マテリアルサイエンスを研究。英国発祥のメンタリズム（人の心を読み、操る技術）を日本のメディアで初めて紹介し、日本唯一のメンタリストとして多くのTV番組に出演。

その後、活動を広げ、企業のビジネスアドバイザーやプロダクト開発、作家、大学教授として活動。ビジネスや話術から恋愛や子育てまで幅広いジャンルにおいて人間心理をテーマにした著作は、累計250万部を突破する。著書に『自分を操る超集中力』『運は操れる』『超時間術』などがある。

趣味は、1日10～20冊程度の読書、猫と遊ぶこと、ニコニコ動画、トレーニング。

オフィシャルサイト
http://daigo.jp/
ツイッター
https://twitter.com/mentalist_daigo
ニコニコチャンネル
http://ch.nicovideo.jp/mentalist

倒《たお》れない計画術《けいかくじゅつ》
まずは挫折《ざせつ》・失敗《しっぱい》・サボりを計画《けいかく》せよ！

2018年 9 月30日　初版発行
2018年11月30日　 5刷発行

著者　メンタリストDaiGo

発行者　小野寺優
発行所　株式会社河出書房新社
〒151-0051　東京都渋谷区千駄ヶ谷2-32-2
電話　(03) 3404-1201（営業）
(03) 3404-8611（編集）
http://www.kawade.co.jp/

組版　有限会社エムアンドケイ
印刷・製本　株式会社暁印刷

Printed in Japan
ISBN978-4-309-24882-0